Après avoir été journaliste pendant plus de huit ans pour Radio France, **Anouk F.** *démissionne et s'inscrit en candidat libre au concours de professeur des écoles. Elle commence à enseigner en septembre 2013 et est actuellement « maîtresse » dans le sud de la France, dans une école REP, dite « de regroupement », accueillant des enfants allophones.*

Merci maîtresse !

De la même auteure

Dans la rue de l'école

MON POCHE
45, rue du Clos-Four – 63056 Clermont-Ferrand cedex 2

ANOUK F.

MERCI MAÎTRESSE !

« DE RIEN, C'EST MON JOB ! »

MONPOCHE

Tous les noms et prénoms des enfants et adultes mentionnés dans cet ouvrage ont été modifiés afin de préserver leur anonymat.

Préface

— POURQUOI TU FAIS ÇA ?

— Pourquoi je fais quoi ?

— Pourquoi tu changes de métier pour devenir instit' ? C'est étrange !

— Qu'est-ce qui est étrange ? Que je change de métier, ou que je choisisse de devenir instit' ?

— Que tu choisisses de devenir instit' – enfin, je veux dire, c'est pas pareil. Enfin, intellectuellement, je sais pas, tu risques de t'ennuyer...

La question n'a pas toujours – rarement, même – été formulée comme cela, mais elle a été posée souvent. J'avais une réponse toute prête, à laquelle j'ai même fini par croire, parfois. « Je veux du temps pour m'occuper de mes enfants, des vacances, et un boulot pas chiant. » Ça plaisait. Il y en a plein à qui ça plaît encore. Ça rassure, ça conforte sans doute dans l'idée que l'on se fait de ce métier d'enseignant.

Je ne blâme personne. J'ai du mal à me souvenir de l'idée que je me faisais moi-même des instits avant d'en devenir une. Ce qui est sûr, c'est que cette idée était très éloignée de la réalité. Ce qui est sûr, c'est que je n'ai plus du tout la même représentation aujourd'hui.

— Quand même, tu es journaliste, tu passes à la radio, on t'entend – c'est un métier important, journaliste. Tes parents doivent être fiers de toi !

C'est vrai, ils étaient fiers de moi. D'autant plus fiers que ça leur avait coûté un petit paquet de matinées à vendre des vêtements sur les marchés de me payer trois années d'Institut d'études politiques – une année à l'étranger, puis deux années de cette prestigieuse école de journalisme de la rue du Louvre. Sans compter les longs mois de précarité professionnelle, pendant lesquels il avait bien fallu m'aider à joindre les deux bouts.

Après, quand j'ai fini par présenter les journaux sur France Info, Maman était si fière qu'elle mettait tous les postes radio de la maison en marche en même temps, à fond les ballons. Elle appelait ses copines : « Écoutez France Info, c'est ma fille ! »

Moi aussi, j'étais fière de moi. Mon rêve. La radio, le service public, un contrat, un vrai salaire, une vraie carte de visite. Un vrai statut de journaliste. Même que je m'occupais des faits divers, des grands procès. Le procureur m'appelait sur mon portable parfois. Oui, j'étais fière. Je suis toujours très fière de ce premier métier-là. Mais je crois que quelque chose me manquait, finalement. Et j'ai mis du temps à mettre un mot sur ce manque.

Je veux être au service des autres, oui, encore. Mais j'aimerais que ces autres ne soient plus cachés derrière leur poste de radio, qu'ils soient là, en face de moi. Je verrais leurs yeux, leurs oreilles. Ils ne pourraient pas tourner le bouton quand ce que je leur dirais ne les intéresserait plus. Ils baisseraient peut-être les yeux, les oreilles, mais je le saurais, je le verrais. Alors je me reprendrais.

Ce que je leur dirais leur servirait tout de suite, tout le temps. Et eux auraient le droit de me répondre, de me poser des questions, de me dire qu'ils n'ont pas compris, qu'il faut que je recommence.

Alors c'est sûr, Maman ne pourrait pas dire à ses copines : « Venez voir, c'est ma fille, là, qui explique la multiplication aux enfants ! »

Mais Maman, elle pourrait dire : « Ma fille, elle est utile. »

1

JE DÉTESTE la rentrée des classes.

Pourtant, quand j'étais gamine, j'adorais. Mais ça, c'était avant. Avant, quand je me levais à 4 heures du matin, et que j'arrivais cartable sur le dos dans la chambre de mes parents, de peur d'être en retard. Avant, quand je n'avais qu'à m'asseoir sur ma chaise, jauger la maîtresse, la trouver moche, un peu méchante mais elle ferait l'affaire tant qu'elle me laisserait bavarder.

Maintenant, c'est moi la maîtresse moche, un peu méchante, qui fera – peut-être – l'affaire, et qui ne laissera personne bavarder ! Eh bien, c'est rudement moins drôle, de ce côté-là, la rentrée !

Quand j'étais gosse, ce que je préférais, c'était découvrir mes jolis cahiers tout neufs. J'adorais (et j'adore encore) les cahiers tout neufs. Surtout qu'aujourd'hui, c'est moi qui choisis et qui colle les pages de garde, ces feuilles avec de jolis dessins, qui disent s'il s'agit du cahier de français ou de mathématiques. Même qu'ils sont tellement neufs, ces cahiers tout neufs, que ça me crèverait presque le cœur de les leur donner. Ils sont beaux, là, rangés au fond de la classe, bien empilés, classés, propres, sans feuille qui dépasse. Ça ne va pas durer.

La rentrée, c'est demain et je ne vais pas bien.

Pas tant que je traîne les pieds pour retourner au boulot après de longues semaines de vacances. Pas du tout, même. Juste parce que je flippe.

Chaque année, je passe une nuit abominable. Je tourne, je retourne. J'ai peur. J'ai peur de quoi ? Je ne sais pas. De ne pas leur plaire, de ne pas être à la hauteur. De ne pas savoir faire. De ne plus savoir faire.

Cette fois, c'est encore pire. Congé maternité, accouchement, congé parental, la tête dans les couches, les biberons, les petits pots. Je suis venue à l'école plusieurs fois – établir les listes, essayer d'éclater les groupes qui posent problème, harmoniser, mélanger, aussi. Les effectifs ne sont pas très importants.

Pas encore. Ça va évoluer, comme chaque année et tout au long de l'année. En attendant, j'en ai vingt. Parfait pour commencer. Ni trop ni pas assez.

Les listes sont affichées dans la cour. Le portail n'est pas encore ouvert. On a installé de grandes tables avec des viennoiseries, du café, du thé, des fruits. Laurence, la directrice, restera avec les parents, pendant que les enfants monteront en classe. Elle n'a pas sa classe aujourd'hui. Ce sera un moment pour échanger, pour décharger l'angoisse de ceux dont le petit entre « à la grande école », pour prendre des nouvelles, savoir si les vacances se sont bien passées, si Farid a pu suivre sa thérapie, si Lucie a réglé ses problèmes avec son papa. Pour rencontrer les nouvelles familles, souvent nombreuses en début d'année. La plupart ne resteront pas. D'autres arriveront dans les semaines qui viennent, prendront leur place.

On ouvre les grilles. Il y a les pressés. Les enfants qui entrent seuls, en courant, larguant leurs parents derrière. Retrouver les copains, aller vite voir sur la liste s'ils sont bien dans la même classe. Crier de joie ou faire la grimace. Il y a les timides. La tête dans le pantalon de Maman. Surtout, ne pas regarder les autres, repousser au maximum le moment où la maîtresse va taper dans les mains et demander de la suivre.

Kahina est de ceux-là. À son stade, ce n'est plus de la timidité. Elle s'excuse presque d'exister. Je ne la connais pas bien. Pas encore. Mais je la sais effacée, craintive, angoissée. Elle a huit ans, mais elle en paraît bien plus. Pas très à l'aise dans ce corps un peu encombrant. Sa mère est avec elle. Un autre registre. Grande, comme sa fille. Mais pas timide, loin de là. Le regard toujours méfiant, les yeux qui te disent clairement : « Touche pas à ma fille, ne t'avise pas ! » On ne se connaît pas non plus. Pas encore. Enfin, il semblerait que, elle, elle me connaisse.

Kahina et sa mère s'approchent des listes. Kahina s'effondre en larmes. Maman commence à hausser le ton.

— Où est la directrice ?

— Bonjour, je suis la maîtresse de Kahina cette année. Je m'appelle Mme…

— Je sais qui vous êtes. Je refuse que ma fille soit dans votre classe, où est la directrice ?

— …

Je profite de l'arrivée d'autres parents pour m'éclipser, cacher ma surprise – non : ma déception. Non : mon effondrement intérieur total. Laurence s'approche de moi. Elle me connaît bien, Laurence, elle voit qu'il y a un truc qui me préoccupe. Je lui explique que la maman de Kahina veut lui parler, qu'elle ne veut pas que sa fille soit dans ma classe. Pourquoi ? Je ne sais pas du tout. Mais vraiment pas du tout.

Laurence s'approche de Kahina. La petite fille pleure. À côté, sa maman trépigne, s'agace. Elles viennent toutes les trois vers moi.

— Kahina a peur de toi, me dit Laurence, un brin ironique.

— Ah ? ! Mais tu ne me connais pas, Kahina. Qu'est-ce que tu crains ?

(Silence. Reniflage.)

— Elle dit que vous êtes méchante. C'est d'autres enfants qui lui ont dit ça.

La maman, bien plus grande que moi, me ferait presque peur. Ou presque devenir méchante, justement. Je me retourne vers Kahina.

— Bien. Je comprends que tu aies peur. Tu as le droit de croire ce que t'ont dit ces enfants. Mais tu as le droit, aussi, de me donner une chance, d'essayer de me connaître. Est-ce que tu veux bien venir dans ma classe ce matin, pour essayer, et puis on en reparle avec Maman à 11 h 45 ?

Kahina lève enfin les yeux vers moi. Essuie ses larmes. Hoche la tête. Maman ne s'est pas vraiment calmée, mais elle la laisse partir.

En classe, Kahina demande à être assise seule, au fond. Ses yeux ne sont pas tout à fait secs, alors je la laisse faire. Observer. Effacer peu à peu ses craintes. Oublier quelques heures Maman, faire connaissance avec moi.

La matinée se passe bien. Moi, je n'ai plus peur. Comme chaque année, une fois qu'ils sont là, devant moi, en chair et en os, je ne m'en fais plus. Je sais que ça va être chouette. Qu'on va construire ensemble une petite famille, et qu'on va s'aimer. Se détester, pour certains, parfois. Apprendre ensemble, grandir ensemble.

Kahina sort peu à peu de sa coquille. Elle commence à sourire. Elle trouve ça drôle que la maîtresse les prenne un par un en photo pour « se souvenir de son premier jour en CE2 ». On en prendra une autre à la fin de l'année, pour se rappeler de « son dernier jour en CE2 ». Sur la photo, Kahina sourit, vraiment, franchement.

11 h 45. Je ramène la plupart des enfants au portail. Rares sont ceux qui mangent à la cantine, en ce jour de rentrée. La maman de Kahina est aux premières loges, inquiète. Persuadée, de toute façon, que ça s'est mal passé.

Kahina arrive en fin de rang. Elle est en train de rire avec ses copines. Elle court dans les grands bras de Maman. « Maman, Maman, en fait, elle est gentille !!! »

Maman me regarde, sourit.

Soulagée.

Adoptée.

2

— NON, HABIB, ce n'est pas possible, tu n'as pas posé l'opération…

— Si, Maîtresse, regarde !

Un poil agacée, je m'approche. Sur l'ardoise, il y a bien écrit 58, puis, sur la ligne au-dessous, 21. Il y a bien un signe + à côté, et un trait pour souligner tout ça. Tout y est. Habib a raison. Il a posé l'opération. Il a même tracé des colonnes. Une pour les unités. Une pour les dizaines. Les chiffres sont bien placés. Tout y est, je vous dis. Tout, sauf le résultat.

Enfin si, il y a un résultat. C'est là que l'un de mes bras tombe, l'épaule avec.

23.

Il a écrit 23.

Pour Habib, 8+1 font 3, et 5+2 font 2.

Le pire, c'est qu'il sourit, Habib. Il avait raison. Il a posé l'opération. Alors, vraiment, il ne comprend pas pourquoi j'ai dit « Non » quand il a hurlé « 23 » au moment où j'ai demandé à la classe le résultat de l'addition que j'avais écrite au tableau. Et moi non plus, en fait, je ne comprends pas. Pas du tout. Et je ne m'en remets pas non plus.

Quelqu'un frappe à la porte de la classe. Chouette, du soutien ! Ce doit être Laurence, la directrice. Ma copine. Ma collègue. Mon épaule. (La troisième, au cas où.) Elle est dans la classe d'à côté, mais, de temps en temps, elle vient me voir. Ça fait du bien de voir un adulte.

Et là, tout de suite, j'en ai besoin.

— Entrez !

Mathis, le sourire jusqu'aux oreilles.

— Bonjour, Maîtresse, pardon pour le retard !

— Le retard, Mathis ? Mais ça fait dix jours que tu n'es pas venu en classe…

— Oui, je sais, pardon, mais c'est que… Euh… C'est que Papa, il est malade. Il est à l'hôpital dans une autre ville, alors je suis allé le voir, alors euh…

— Ah. D'accord. J'espère qu'il va mieux. Assieds-toi.

Mathis s'installe. Atterrit. Dix jours d'absence, forcément, il a un peu de mal à comprendre ce qui se passe au tableau. Je lui dis de sortir ses cahiers, et je demande à Amina de lui montrer où coller quoi, où ranger quoi. J'ai une pochette pleine des photocopies des absents. Ça leur prend un petit moment. Un long moment, même. Mathis découpe, colle, sans vraiment savoir de quoi il s'agit. Normal. Je me dis qu'il va falloir que je trouve du temps pour reprendre les choses une à une avec lui.

Rangez les ardoises. C'est l'heure de la récréation. Affolement. Chaises qui couinent. Bousculades.

— Rangez-vous ! Deux par deux ! Non, Habib, on ne danse pas dans le couloir. Yacine, mets ton gilet. Lucie, ce n'est pas le moment de faire une tresse à Samia, range-toi !

La récréation. Le paradis pour les uns, l'enfer pour les autres. Les uns, c'est eux, les enfants. Les autres, c'est nous, les enseignants. Maîtresse, elle ne veut pas jouer avec moi. Maîtresse, il dit que je suis amoureux de Valentine, mais c'est pas vrai. Attention, le ballon ! Fais tes lacets. Mets ton manteau. Non, ne tire pas sur sa capuche. Tu saignes ? Viens, on va soigner ça. Ça sonne, rangez-vous. Correctement !

Séance d'anglais. La première cette année. Pas eu le temps avant. Les enfants attendaient. Je leur avais promis. La voici.

Je prends mon plus bel accent et tente un : « *Good morning, I'm Mrs F. What's your name ?* »

Silence.

Poissons rouges.

Léonard lève le doigt. Non, le bras. En fait, il est carrément debout. La semaine dernière, il était venu me voir, à la fin de la journée, pour me dire qu'il était parfaitement bilingue parce que son papa, il est anglais.

Chouette, ça va m'aider, ça, un enfant bilingue ! Merci, Léonard, super, on commencera l'anglais la semaine prochaine.

Donc Léonard lève le doigt, le bras, les jambes, tout ce qu'il a. J'attends un peu, parce que j'aurais aimé lui donner la parole après les autres ; mais, comme personne d'autre ne se manifeste, c'est à lui.

— *Yes, Léonard, tell me. What's your name ?*

Il respire, bombe le torse. Tout le monde le regarde. Moi aussi, forcément.

— *Very* bien !!!

Mon deuxième bras est tombé. L'épaule avec. Je n'en ai plus. La journée n'est pas terminée. Loin de là.

Heureusement, il y a la salle des maîtres. Cette petite salle que l'architecte a daigné nous rajouter, au dernier moment, quand on lui a expliqué que, oui, les enseignants mangent à l'école, que, oui, les enseignants doivent faire des photocopies, se réunir, massicoter, rire, pleurer, discuter, échanger. La salle des maîtres, donc. Mon Tupperware jaune, mal réchauffé par le micro-ondes récupéré il y a deux ans chez Emmaüs. Laurence, ses haricots et sa salade verte. Régime. Charles, son riz au lait. Nathalie, le sac qu'elle vient d'aller récupérer chez ses parents parce que sa mère, chaque jour depuis vingt ans que Nathalie travaille ici, elle lui prépare son repas de midi. Et Caroline, pas le temps, pressée. Elle va au sport. Chez le kiné. À la pharmacie. À la piscine. Et après, elle revient. Elle mange. Ou pas. Quant à Jacqueline, Jacqueline, elle n'est pas là. Jacqueline, on ne la voit pas. Elle est dans sa classe, et puis c'est tout. Les collègues ? Pour quoi faire ?

L'après-midi commence doucement. Plus calmement. J'ai presque le temps de rattacher l'un de mes deux bras. Rafistolage. De toute façon, il ne tiendra pas longtemps. C'est le début de l'année, il faut tout expliquer, réexpliquer, re-réexpliquer. Quel cahier ? Je colle, Maîtresse ? Je n'ai plus de place sur ma feuille, j'écris où ? Il faut écrire la date ? Maîtresse, je n'ai plus de stylo bleu ! Déjà ? J'ai des papiers, urgents, à remplir. Ils ont besoin de décompresser un peu. Rangez les classeurs, sortez des crayons de couleur, le cahier que vous voulez, et coloriez les premières pages.

En langage enseignant, ça veut dire : « J'ai besoin de me poser dix minutes, alors, occupez-vous. » En traduction pédago-scientifique, on a aussi le droit de dire qu'il s'agit d'une « activité d'apprentissage de l'autonomie », de « travail de la motricité fine », de « repérage dans l'espace » et de « responsabilisation dans le choix des couleurs ». Je préfère la première version.

Ils sont calmes. Étonnant. Ils s'appliquent. Ne se piquent pas les crayons. Ils colorient. Je remplis mes papiers. Je compte l'argent versé pour la coopérative scolaire, je fais des croix. Je range les fiches de renseignements, les attestations d'assurance, et je me dis que, tiens, s'ils continuent à être calmes comme ça, je vais peut-être même pouvoir corriger leur fichier de mathématiques. Soyons dingues.

Perdu ! Ça s'agite devant, à droite. Erkhan est mort de rire. Son voisin de table aussi. Intervenir ou laisser faire ? Rien de grave *a priori*. Mais le rire, c'est contagieux. Dans une classe, c'est pire que ça : c'est la propagation immédiate, sans retour ou presque. Je me lève. Je m'approche. Erkhan ferme son cahier (trop) rapidement. Je lui demande de le rouvrir. Il refuse. J'insiste. Les rires ont cessé. Erkhan regarde ses pieds et rouvre son cahier.

Elles sont grosses, démesurées, irréelles !

Mal placées et sans les bourses.

Des bites. Deux énormes bites.

Erkhan a dessiné deux énormes bites sur la page de garde de son cahier.

Fin de journée. Nous arrivons au portail. Enfin, on essaie. Parce que des parents devant une école, c'est un peu comme les premiers jours de soldes devant les grandes surfaces, persuadés que, s'ils ne sont pas juste devant, ils n'auront pas ce qu'ils sont venus chercher. Ne vous inquiétez pas, on vous les rend, promis !

Les enfants sortent, les rejoignent. La maman de Mathis me fait signe, je lui demande de s'approcher. On se met un peu à l'écart. Elle voulait s'excuser, pour la longue absence de Mathis.

Mais ça va, Mamie va mieux, beaucoup mieux.

3

DES JOURNÉES COMME CELLES-LÀ, on ne les compte pas. On les vit, c'est tout. On en rit parfois, quelques jours après. Parce que, finalement, ce sont les plus drôles. Enfin, pas quand on débute…

Quand on débute, le cerveau fait des nœuds, des bulles, voire de la fumée. Faire rattraper le retard de Mathis, réexpliquer à Habib comment poser une addition, dire à Léonard que son papa ne parle sans doute pas exactement le même anglais que moi, mais que ce n'est pas grave. Bref, faire une liste, puis une autre, et ne jamais, jamais avoir fini de barrer des choses sur cette liste.

Je crois que je suis vraiment devenue enseignante le jour où j'ai accepté de ne pas être capable de tout faire, en tout cas pas tout de suite. Je crois que j'ai failli quitter ce métier à chaque fois que je me suis rendu compte que je ne pourrai pas les aider tous, en tout cas pas comme il faut.

L'avantage aussi, c'est qu'il n'y a pas deux journées pareilles. Je crois que c'est Charles qui a sorti ça l'autre jour, en salle des maîtres : « Être enseignant, c'est être Forrest Gump. Quand tu pousses le portail de l'école le matin, c'est comme quand tu ouvres la boîte de chocolats ; tu ne sais jamais sur quoi tu vas tomber. » Charles, il a dit ça en ouvrant, vraiment, une boîte de chocolats. Je m'en souviens parce que Laurence ne l'a même pas regardée – la boîte de chocolats. Régime. Je passe sur Nathalie, quarante-cinq ans, corps de rêve et une tenue différente chaque jour de l'année, qui en a pris trois d'un coup, sans même les regarder.

Mon chocolat du jour à moi, c'est un nouvel élève. Laurence l'a inscrit hier, il arrive ce matin.

— Un nouvel élève ? Super ! Il vient d'où ?

— Portugal.

— Bien, c'est le même alphabet, les langues ne sont pas si éloignées, ça devrait le faire.

— Pas sûr.

Laurence est sceptique. Et quand Laurence est sceptique, c'est qu'il y a de quoi être sceptique. Elle a du flair, Laurence. Elle les repère dès qu'ils arrivent dans son bureau pour l'inscription, ceux avec lesquels ça va rouler, et ceux avec lesquels ça va swinguer.

Notre école est une école de « regroupement ». Comprenez : une école d'accueil pour enfants étrangers. Quand une famille arrive de l'étranger, la mairie l'oriente dans un établissement comme le nôtre. Les enfants scolarisés y ont une prise en charge particulière, avec une enseignante spécialisée. Ils sont dans une classe avec les autres enfants, mais, quelques heures par semaine, l'enseignante spécialisée vient les chercher pour leur apprendre le français. Le reste du temps, ils sont donc avec nous, les yeux écarquillés, la tête souvent embrumée à la fin de la journée.

Imaginez-vous, du jour au lendemain, assis au milieu de vingt-cinq petits Chinois, et entendre toute la journée autour de vous parler leur langue que vous ne connaissez pas… Mieux : les autres vous interpellent, dans la cour, ils vous appellent pour que vous leur passiez le ballon… Tout ça en chinois ! Voilà, c'est à peu près ce que vivent les enfants de mon école quand ils arrivent chez nous.

Sauf que, eux, ils apprennent vite. Très vite.

Quand ils en ont envie.

Pas comme Martim, mon nouveau. Lui, il n'a pas du tout, du tout, envie d'être là. Pas envie d'apprendre notre langue non plus. Même pas envie d'essayer. C'est compliqué avec Martim. Tout juste accepte-t-il d'écrire la date sur son cahier, le matin. Le reste du temps, il dessine, colorie, gribouille. Quand je m'approche, quand j'essaie de lui expliquer les consignes du travail que j'ai préparé pour lui, il ne me regarde même pas. Il lève ses mains vers le plafond : « Comprends pas ! »

Je lui laisse un peu de temps, quelques semaines. Je reviens régulièrement vers lui, en parle avec Monica, l'enseignante spécialisée. Elle me dit qu'elle a rarement vu ça. Il ne veut pas. En tout cas, pas avec nous. Parce qu'il y en a un qui lui a appris quelques mots de français, c'est Erkhan. Oui oui, celui des jolis dessins sur les pages de garde du cahier. Les mots qu'il a appris à Martim sont presque aussi beaux que ses dessins. Chatte, cul, bite – tout ça, c'est son truc, à Erkhan, mais c'est une autre – longue – histoire. En tout cas, Martim, ça lui plaît. Mais ça ne le fait pas beaucoup avancer…

Difficile aussi de communiquer avec sa mère, au portail. Elle ne comprend pas ce que je dis, et n'a pas l'air, non plus, d'avoir très envie de comprendre. Le papa, lui, parle un peu notre langue. Il est arrivé ici il y a deux ans. Il voulait faire sa place, trouver un travail sérieux, avant de faire venir sa femme et leurs deux garçons. Mais le papa, je ne le vois pas, au portail. Il travaille. Il m'a donc fallu quelques jours pour lui mettre la main dessus et lui donner un rendez-vous. Il a dit oui, il est venu dès qu'il a pu.

En arrivant dans la classe, je tire deux chaises, pour Martim et son père. Ils n'en prennent qu'une.

Martim monte sur les genoux de Papa. Il est grand, Martim. Huit ans. Il est costaud. Mais là, dans les bras de Papa, on dirait un petit bébé. Il pose sa tête sur l'épaule de Papa. Je n'existe pas, pas pour lui, là maintenant.

— Merci d'être venu, Monsieur. Je voulais qu'on discute un peu de Martim. C'est difficile pour lui, et pour moi aussi.

— Qu'est-ce qu'il se passe ? Il se comporte bien ?

— Non. Enfin, il a un peu de mal avec les règles, oui. Mais surtout, en classe, il ne fait rien. Il refuse.

Martim s'agite sur les genoux de son père. Il rapproche sa tête du visage de Papa et le regarde, fixement.

— Pourquoi tu fais ça, Martim ?

Papa s'est adressé à lui en français. Martim a bondi, s'est mis à crier. Je ne comprends pas le portugais, mais le message était clair. Ne me parle pas en français ! En portugais, Papa, en portugais !

J'attends qu'il se calme un peu. Je les laisse discuter.

— Est-ce que vous avez expliqué à votre fils que vous alliez rester ici, en France ?

— Oui, mais il n'est pas d'accord. Il veut qu'on retourne là-bas. Il ne voulait pas partir.

Martim est debout maintenant. Les bras croisés. Il boude. Il peste. En portugais. Et, surtout, il ne me regarde pas. Il tire Papa par le pull. Il veut rentrer maintenant. Viens, Papa, viens !

Les semaines ont passé, et Martim n'a rien fait. J'ai réussi à contacter son ancienne école, au Portugal. Un ami a pris du temps pour me traduire le contenu des messages, les bulletins de Martim. J'ai compris que ce n'était pas forcément mieux là-bas. « Nonchalant, manque d'envie, grosses difficultés », avaient écrit mes collègues portugais.

Alors ce n'était pas juste nous, juste la France, juste le déménagement. Il y avait d'autres choses sur lesquelles nous avions peu de moyens, avec la barrière de la langue.

J'ai tenté d'autres approches. Des jeux, des cartes. J'ai essayé de l'attirer avec des choses qu'il aimait, le football, les dessins animés. Des images à commenter, des mots à recopier. Rien. Martim n'a rien fait.

L'année est passée, oubliée, perdue.

Et moi, j'ai échoué.

4

Les échecs, dans ce métier, il faut apprendre à les encaisser et apprendre vite. Parce qu'ils sont quotidiens, hebdomadaires, trimestriels, annuels. Il faut apprendre à les encaisser et aussi, parfois, à les relativiser. Apprendre à se dire : « Non, tu n'es pas M. Keating dans *Le Cercle des poètes disparus* ; tu ne pourras pas tous les sauver, tous les aider, là tout de suite, toute seule. » Se le dire, et le garder en tête, tout le temps. Accepter que les toutes petites choses que l'on a installées, ajoutées les unes aux autres, donneront quelque chose, un jour.

Il y en a une qui est chouette, dans ces moments-là, c'est Laurence.

Avec Laurence, rien n'est jamais vraiment un problème. Laurence, elle ne réfléchit pas, elle agit, tout de suite et bien. Elle est toute jeune, pourtant, notre directrice. C'est même la plus jeune de l'équipe. Pas la plus récente dans le métier (celle-là, c'est moi), mais la plus jeune, oui. Tout juste trente ans.

Elle a essayé de m'aider, avec Martim. Je lui montrais tout ce que je préparais, elle me disait que j'en faisais trop, que, s'il ne voulait pas, il ne voulait pas, qu'il fallait que je le laisse venir, qu'il finirait par venir. Il n'est pas venu. Laurence, elle, a compris ma déception, mon amertume, et elle m'a dit que j'en verrai d'autres, qu'il fallait penser à tous ceux qui veulent, tous ceux qui acceptent la main qu'on leur tend, et que le temps ferait le reste. Elle a dit tout ça en mangeant ses haricots. Elle en a pas marre, Laurence, de manger des haricots ?

— Le jour où tu auras cinquante kilos à perdre, crois-moi, tu les aimeras, les haricots ! En attendant, mange ton kebab et tais-toi.

Ça y est, Habib sait poser des additions. Et ça, ça me fait du bien, beaucoup de bien. Lui aussi, ça lui fait du bien. Il faut dire qu'on s'est battus, lui et moi. On en a passé, du temps, sur l'ardoise, sur le cahier de brouillon, au tableau. Mais il y est arrivé. Et il y arrive encore, tout seul. Fierté, bonheur, réjouissance, enthousiasme, joie. Habib pose une addition, et moi, ça me fait ma journée. Ma semaine !

Ils en ont entendu parler, les collègues, des additions d'Habib. Charles le connaît bien, il l'a eu en CP. Charles, sa grande victoire, ça a été d'apprendre à Habib à rester assis sur sa chaise plus de quatre minutes, chronomètre en main. Ils se sont entraînés toute l'année. Charles a réussi.

Je l'aime bien. Il me rend chèvre parfois, Habib, mais je l'aime bien.

Le matin, il entre en classe, il pose ses fesses sur sa chaise – enfin, une fesse, pas les deux – et me pose, inlassablement, la même question. « Maîtresse, on fait sport, aujourd'hui ? » La journée peut commencer. Les questions vont fuser. Il lève le doigt toute la journée, Habib. Même quand je ne pose pas de questions.

Exemple :

L'exercice précédent est terminé, corrigé, rangé. Je m'approche du tableau et commence à parler. « Maintenant, nous allons passer à la grammaire. » Cette phrase nécessite-t-elle une question, là tout de suite, urgemment ? Non. Eh bien, pour Habib, oui. Il a le doigt levé.

Ah, je précise : il n'a jamais juste le doigt levé. Il dit en même temps, si possible très vite et plusieurs fois, ce petit mot que l'on chérit tant :

— Maîtresse, Maîtresse, Maîtresse !

— Oui, Habib ?

— On va faire de la conjugaison ?

— Non, Habib, j'ai dit de la grammaire. Tu me laisses expliquer, Habib, d'accord ? Ensuite, comme d'habitude, quand j'aurai fini mes explications, vous pourrez poser vos questions. On est d'accord ?

— Oui, Maîtresse.

La séance de grammaire a finalement commencé. Noms propres, noms communs. On a lu, on a joué, on a manipulé, on a fait des exercices. Il me semble que tout le monde a compris. À part Martim, qui ne s'y est pas intéressé. Erkhan a bien essayé de glisser « Prout » dans les noms propres (pas très propre), mais je l'ai corrigé en lui disant que ce n'était pas un nom propre mais une onomatopée. Évidemment, dans onomatopée, il y a « pée », alors Erkhan a rigolé – Habib aussi, il n'en rate pas une.

C'est le moment de récapituler.

— Un nom commun est accompagné d'un petit copain, un gros bonhomme avec un D sur le tee-shirt, c'est le…

— Déterminant !!! (Ils y sont tous, ou presque, victoire !)

— Un nom propre désigne une personne, un lieu, et commence toujours par une…

— Majuscule !!! (Coup double, ils ont compris. Je jubile. Un peu vite… Habib est debout. Il ouvre la bouche, je crains le pire.)

— Et se termine par un point !

J'ai hésité entre hurler très fort – mais Kahina m'a regardée pile à ce moment-là –, m'asseoir lourdement – mais ma chaise était trop loin –, ou juste essayer de rester calme. J'ai préféré me calmer, me dire que, finalement, Habib associe majuscule et point, et que ça, c'est une bonne chose. Reste juste à remettre les choses au bon endroit.

C'est ce que Charles m'a dit aussi. Il m'a même félicitée.

5

ANTOINE ME SOURIT, me regarde avec un peu de méfiance, ou de peur, peut-être. Mais il sourit quand même. Avec Lucie et Amina, je suis allée les chercher dans la classe de Jacqueline – pardon, dans la grotte de Jacqueline – pour leur dire qu'ils allaient changer de maîtresse. La rentrée, c'était il y a déjà trois semaines, mais les effectifs ont changé. Il a fallu rééquilibrer les classes, alors je les ai récupérés, tous les trois.

Pour les filles, c'est peut-être un peu moins difficile. Je les connais, elles me connaissent, elles étaient déjà là l'année dernière. Pas lui. Antoine arrive d'une autre école, pas très loin, à trois rues, mais très différente. Une grosse école, celle qui a « bonne réputation », celle dont on dit du bien. Pas comme la nôtre.

Il sourit toujours quand je lui attribue une place dans la classe. Il sourit encore quand je lui donne une feuille et lui demande d'y écrire son prénom. Il ne sourit plus quand je repasse, dix minutes plus tard, et qu'il n'a écrit que deux lettres. Deux lettres en plein milieu, en très gros. Il baisse les yeux sur sa feuille, il s'excuse. Je le rassure, lui dis de prendre son temps, de ne pas s'occuper de la suite, de continuer, d'essayer.

Le reste de la journée, je l'observe, je lui demande de lire quelques lignes. Il sait lire. Ou plutôt, il déchiffre. Je lui demande de compter. Il compte sur ses doigts. Après dix, ça devient difficile. Je lui montre une addition. Son regard me demande de laisser tomber. Je le laisse tranquille.

Des enfants en « difficulté » (que ce mot est moche), j'en ai vu d'autres. Des enfants qui entrent au CE2 avec une lecture fragile, une écriture hésitante. Mais, sans bien m'expliquer pourquoi, je me dis que, là, il y a autre chose, que c'est différent de « d'habitude ».

Les journées passent. Antoine ne suit pas le rythme. Je ne l'y oblige pas, je lui propose d'autres activités. Pas toujours, pour ne pas l'exclure du groupe. Je me donne encore un peu de temps. J'appellerai son ancienne enseignante, je discuterai avec ses parents, mais pas tout de suite. Je veux voir, encore, essayer de comprendre pour, ensuite, trouver les mots justes. Proposer les solutions. Si j'en ai, s'il y en a.

Ce vendredi-là, c'est le dernier jour pour un des élèves. Je voudrais qu'on lui fasse une petite surprise, alors, pendant qu'il n'est pas là, je demande aux autres de lui préparer des dessins que l'on pourra lui donner ce soir, mais surtout de ne pas lui en parler. Ils acquiescent tous, ravis d'avoir un secret avec la maîtresse. Antoine me regarde étrangement.

À la fin de la première récréation, je le vois discuter avec l'élève en question, celui qui doit partir. Je m'approche.

— Tu veux quoi, comme dessin ? La maîtresse, elle nous a dit de te faire un dessin, mais qu'est-ce qu'il faut qu'on te dessine ? Tu peux m'expliquer ? Je n'ai pas compris.

Je prends Antoine à part, essaie de lui redire calmement, avec d'autres mots, que c'était une surprise, qu'il ne fallait pas en parler. Il me regarde tristement, s'excuse, encore une fois.

Séance de sport. Jeux collectifs sans ballon. Toujours très appropriés en début d'année scolaire, pour « souder le groupe », « créer une cohésion de classe » – bref, faire connaissance. La règle du jeu est assez basique : une équipe contre une autre. D'un côté, il faut circuler dans un territoire limité sans se faire toucher. De l'autre, il faut toucher les adversaires pour les transformer en statues. Les statues peuvent être délivrées par un coéquipier s'il leur passe entre les jambes. Le jeu s'arrête quand je donne un coup de sifflet. On compte le nombre de statues.

J'explique les consignes. Je simule le jeu avec quelques élèves. Je fais réexpliquer les règles. Je compose les équipes, leur mets des chasubles de couleur. Le jeu peut commencer.

Antoine et ses coéquipiers portent une chasuble jaune, l'équipe adverse a revêtu une chasuble bleue. Je siffle le début de la partie. Ça s'agite sur le terrain, ça touche, les chasubles bleues se transforment les unes après les autres en statues. Antoine court, court, court encore. Je l'observe. Il ne prend aucune direction, ne cherche à toucher personne, et finit par s'agenouiller pour passer entre les jambes d'un élève qui porte une chasuble bleue. Il est en train de délivrer un membre de l'équipe adverse. Il me regarde, tellement fier. Tellement heureux d'avoir délivré quelqu'un que je n'ose rien lui dire. Je suis désarmée.

Les membres de son équipe sont tout aussi désarmés, mais ils l'expriment autrement. Cris, invectives, insultes.

J'interromps la partie. Antoine me regarde encore, il cherche mon soutien. Je ne peux pas lui donner raison, mais je peux effectivement le soutenir, dire aux autres que ça peut arriver à tout le monde de se tromper d'équipe, qu'on va recommencer, que, maintenant, Antoine a compris. Antoine s'excuse. Une nouvelle partie commence.

Il est pétrifié. Il ne bouge plus. Il ne court plus. Me regarde. Regarde les autres. Semble ne pas entendre ses coéquipiers qui crient son prénom, lui demandent de les aider, de jouer. Je me dis qu'il faut intervenir, vite, le sortir de là. Je vais chercher une autre chasuble jaune, la donne à Mathis et le fais entrer sur le terrain, à la place d'Antoine. La tête basse, celui-ci vient s'asseoir près de moi.

— Bonjour, je voulais savoir si tu te souviens d'un élève que tu as eu l'année dernière, il est chez nous cette année, et j'aurais besoin d'en savoir un peu plus. Il s'appelle Antoine.

— Ah, Antoine !

— Oui ?

— Ah bah le niveau, c'est ras-des-pâquerettes. Il sait lire, c'est un miracle. Parce que le reste, c'est le néant.

— Oui, j'ai remarqué qu'il avait du mal dans beaucoup de matières. Est-ce que des choses ont été mises en place ? Un suivi RASED[1] ?

---

1. Réseau d'aide et de soutien pour les élèves en difficulté. Des enseignants spécialisés viennent chercher les élèves signalés par les enseignants pour les faire travailler, une ou deux fois par semaine, en petits groupes.

— Au début du CP, oui, mais l'enseignante du RASED a laissé tomber. Elle m'a dit qu'elle ne pouvait rien faire pour lui.

— ... La psychologue scolaire ? Un test de QI ? Une demande de maintien en CE1 ?

— On n'a pas de psychologue scolaire, chez nous. Elle est rattachée à d'autres écoles. Quand elle vient dans l'école, c'est vraiment pour les cas urgents. Et pour la demande de maintien, bah... Euh, non.

Raccrocher. Se dire que cet enfant a été sacrifié sur l'autel du manque de moyens. Que cette enseignante n'y est (peut-être) pour rien, qu'elle a (sûrement) fait ce qu'elle a pu. Que, dans cette école à la si bonne réputation, les effectifs sont tels que l'on ne peut pas s'occuper de tous, malheureusement. Essayer de comprendre, au moins. Et se dire que c'est à nous, maintenant, de faire quelque chose. De trouver la bonne direction pour l'accompagner, au moins.

La maman d'Antoine, on la reconnaît facilement devant l'école. Elle a des cheveux très volumineux, frisés. Elle est grande. Elle a la peau blanche, de grands yeux clairs. Le papa aussi a la peau blanche et les yeux clairs, les cheveux roux. Enfin, celui qu'Antoine appelle Papa. Parce qu'Antoine, il a la peau brune, les cheveux noirs. « Son *vrai* père est congolais, me dit un jour sa mère. Mais il ne le voit pas. Son papa, c'est celui que vous voyez parfois venir le chercher. »

Il les aime fort, ses parents, Antoine. Il n'y a qu'à voir comment ses yeux pétillent le midi et le soir quand l'un des deux vient le chercher. Il n'y a qu'à voir comment sa mère le fait voler dans ses bras tout en portant le petit frère sur le côté. Il n'y a qu'à voir comment Papa le regarde pour savoir que, de l'amour, il n'en manque pas, Antoine.

— Est-ce qu'on peut prendre un rendez-vous, pour parler d'Antoine ?

— Tout va bien ?

— Ça va, oui. Enfin, il se comporte bien. Mais je voudrais qu'on parle des apprentissages, de ce qu'il a fait avant, de ses classes précédentes.

La maman me dit qu'elle ne comprend pas, elle non plus. Qu'elle essaie de le faire travailler le soir, de le faire écrire le week-end, de lui faire des dictées pendant les vacances, de lui apprendre les additions. Qu'elle s'énerve, des fois, parce qu'il n'y arrive pas. Que c'est peut-être elle qui explique mal. Qu'il est peut-être feignant. Que les précédentes maîtresses lui ont dit qu'il avait du mal, mais qu'elles l'ont laissé passer dans les classes supérieures, à chaque fois. Que, du coup, elle ne sait pas quoi penser.

Je la sens inquiète, derrière son grand sourire et ses grands yeux clairs. Inquiète, mais concernée. Je lui dis d'arrêter de le faire travailler soir, week-end et vacances. Je lui propose de le faire jouer, plutôt, de lui demander de lui raconter sa journée, ce qu'il a aimé, ce qu'il a moins aimé. Elle accepte, se sent un peu soulagée.

Je commence les gros mots. « Psychologue scolaire », « bilan psychométrique », « test de QI », « orientation spécialisée ». Son regard interroge. J'explique, la rassure, je lui dis que ça nous permettra, à elle et à moi, d'y voir plus clair, de comprendre, de savoir ce qu'on peut et ce qu'on ne peut pas exiger d'Antoine, ce qu'il est en capacité d'apprendre et ce qu'il ne peut pas (encore) apprendre.

Ses yeux sont mouillés. Gênée, je me dis que je suis allée trop vite, trop loin ; je lui dis qu'elle n'est pas obligée d'accepter, qu'elle peut prendre le temps d'y réfléchir.

— Ce n'est pas ça, c'est que… Il est en CE2, et c'est la première fois qu'une enseignante s'intéresse à lui comme ça. Pourquoi on ne m'a pas proposé ça avant ?

— Ce n'est pas forcément évident pour mes collègues. Elles avaient beaucoup d'élèves, une psychologue scolaire moins disponible…

— Je comprends. Je suis d'accord. Faites tout ce qu'il y a à faire. Je signe où ?

Les tests durent quelques jours. La maman d'Antoine vient me voir, midi et soir, pour savoir ce qu'il en est. Je n'en sais rien. Je suis comme elle, j'attends.

Martine, la psychologue scolaire, est dans ma classe, les tests sont terminés, analysés, échelonnés.

Antoine est déficient.

Encore un mot moche, très moche. Un mot qui effraie. Un mot qui veut simplement dire que certains enfants n'ont pas les mêmes capacités pour apprendre que les autres enfants du même âge, et qu'à ces enfants-là, il faut proposer une scolarité adaptée, des apprentissages qui leur permettent d'avancer, à leur rythme, sans les forcer. Le mot est moche, mais quand il est écrit, au bas du rapport de Martine, il ouvre de nouvelles portes.

— Nous allons pouvoir demander une orientation en ULIS, pour Antoine.

— En ULIS, c'est quoi ?

— Unité localisée pour l'inclusion scolaire. Ce sont des classes spécialisées, avec de tout petits effectifs. L'enseignante est accompagnée d'une autre adulte, une auxiliaire de vie scolaire[1], en permanence, et tous les apprentissages sont personnalisés pour que chaque enfant progresse en fonction de ce qu'il sait et de ce qu'il peut faire. Peu à peu, il réintégrera une classe normale.

---

1. *Autrement appelée « AVS ».*

— C'est super, ça. Oui, c'est ça qu'il lui faut ! Merci, merci, vraiment.

La réaction de la maman me sidère. Je suis en train de lui expliquer que son enfant n'est pas tout à fait comme les autres, qu'il va falloir l'envoyer dans une classe avec d'autres enfants pas tout à fait comme les autres, et elle sourit, elle s'exclame, elle me remercie. C'est une réaction rare, mais tellement pleine de bon sens, tellement pleine de confiance, surtout.

Les semaines passent. Des pages et des pages de dossiers sont remplies. Une équipe éducative se réunit. Martine doit lire certains passages de son rapport devant tout le monde. La maman pleure, un peu. Et puis elle relève la tête, demande s'il faut d'autres papiers, si elle doit se déplacer quelque part.

L'orientation en ULIS est acceptée. Pour septembre prochain. Sous réserve de place disponible.

En attendant, Antoine a son propre classeur, son propre emploi du temps, sa petite mallette avec des dés, des barres, pour compter, son cahier d'écriture pour s'entraîner. Il s'ennuie un peu, parfois. Je n'ai pas assez de temps pour rester assise à côté de lui toute la journée et vérifier son travail. Et, quand il n'y a pas d'adulte à côté de lui, Antoine ne fait pas grand-chose. « Capacité d'attention très limitée », a dit Martine. Alors il attend, sans rien dire, que je lui donne autre chose à faire, quelque chose qu'il sait faire, ou qu'il peut essayer de faire.

De temps en temps, il travaille sur les mêmes choses que le reste de la classe. En arts visuels, par exemple. Là aussi, il a du mal avec les consignes, mais il est heureux. Il sourit, encore, mais de manière beaucoup plus franche que le jour de notre première rencontre. Il a trouvé sa place, on a trouvé sa direction.

6

LAURENCE N'EST PAS en salle des maîtres ce midi. Elle est restée dans sa classe. Elle ne reste jamais dans sa classe pendant la pause déjeuner. Laurence est comme moi : elle a besoin de se poser sur l'une des chaises en plastique supermoches de la salle des maîtres, de raconter l'émission complètement dingue sur les tueurs en série qu'elle a matée la veille, de parler de sa fille qui n'en fout pas une au collège, ou de la mère d'Enrico qui a sonné ce matin pour savoir si son fils avait encore le nez qui coule. Bref, la salle des maîtres, sans Laurence, elle sonne un peu creux.

Charles est là. Avec son riz au lait. Son demi-kilo de riz au lait. Charles, c'est la force tranquille. Le seul homme. Je me demande bien comment il fait pour nous supporter. Le pire, c'est qu'il participe même à nos conversations sur les stérilets et les épisiotomies. Enfin, il participe... Il écoute, il approuve, et ça nous suffit. Il lui arrive aussi d'argumenter, de répéter ce que Patricia, sa femme, lui a dit. Charles est là et se demande aussi où est Laurence.

— Elle était bizarre, ce matin. Je l'ai croisée rapidement, elle avait pas l'air bien.

— Des problèmes avec Greg (son compagnon) ?

— Non, enfin, je ne crois pas. On s'est vus ce week-end, ça avait l'air d'aller.

— Je vais monter voir.

Elle est dans sa classe, assise derrière son bureau. Elle trifouille son téléphone. Elle a reçu un appel de l'inspection. Jusqu'ici, tout est normal. Une directrice d'école, ça reçoit toute la journée des appels de l'inspection. Des appels, et des mails. Lucette, la secrétaire, est en arrêt maladie, alors le téléphone de l'école sonne dans le vide. Mais le portable de Laurence, lui, il est disponible, et l'inspection l'a bien compris. À en juger par la tête de Laurence, cet appel-là n'était pas tout à fait comme les autres.

— C'est la mère de Tarik. Elle a écrit une lettre contre moi au rectorat.

— À quel propos ? Il s'est passé quoi, avec Tarik ?

— Rien. Enfin, si. Dans le rang, la semaine dernière, Raphaël lui a mis un coup de pied. Je n'ai pas vu, ils étaient derrière moi. La mère de Tarik dit que ça a touché ses testicules, qu'il ne s'en remettra pas.

— Mais elle t'en a parlé, avant ? Tu savais ?

— Non, rien. Je découvre, là, aujourd'hui, avec l'appel de l'inspection.

Tarik est en classe, depuis une semaine. Il s'assied normalement, monte les marches normalement, il court même en récréation. Tarik n'a pas mal aux testicules. Et puis, il ne dit rien, Tarik. Il ne se plaint pas. Raphaël, c'est son copain. Ils jouent ensemble, ils bavardent, ils rigolent. Mais la maman de Tarik, Laurence, elle l'a dans le pif. Et elle a trouvé une belle occasion de le faire savoir. Elle l'a dans le pif parce que son fils a passé deux ans chez Jacqueline. Pendant deux ans, Jacqueline lui a fait croire que tout allait bien. Il avait même droit à des images et des cadeaux, parce qu'il était très sage. Avec Laurence, ça ne marche pas comme ça. Tarik galère. Il ne sait pas écrire correctement, ne sait pas poser une addition (alors qu'Habib, oui) et, surtout, Tarik ne respecte pas les règles. Forcément, la maman de Tarik regrette un peu Jacqueline. Alors elle se dit que tout ça, c'est la faute de Laurence.

Mais moi, je la connais, Laurence, elle ne va pas se laisser faire. Ce ne sont pas juste des questions qu'elle va poser aux enfants, pour savoir ce qui s'est passé ; c'est une enquête qu'elle va mener, une investigation. Retrouver les témoins, localiser le lieu du crime, faire une reconstitution, même, si nécessaire.

— Le rectorat, quand même, tu te rends compte ? ! Elle ne pouvait pas venir m'en parler d'abord ?

— Qu'est-ce que tu risques ?

— Je ne sais pas. Je m'en fous. C'est pas ça, le problème. Le problème, c'est qu'elle ment, et je n'aime pas ça.

Je la rassure, lui dis qu'on va l'aider. S'il faut que l'on témoigne tous, on le fera. Enfin... Tous, sauf Jacqueline. On va savoir ce qui s'est passé, vraiment, et la lettre, la rectrice, elle va la ranger gentiment.

— Viens, j'ai fait réchauffer tes haricots ! Ils vont refroidir.

7

Erkhan a dépassé les bornes à la cantine. Bénédicte, la directrice du temps périscolaire, ne s'en remet toujours pas. Pourtant, elle l'a bien entendu. Elle a bien entendu, de ses oreilles, Erkhan, huit ans, gringalet, de grosses lunettes sur les yeux et cet air de « j'ai rien fait », elle l'a bien entendu dire à Sarah – je cite : « Suce ma bite au p'tit dej' ! » Elle a bien entendu parce qu'il l'a dit plusieurs fois à la suite.

On s'en sort bien, Sarah ne comprend pas bien le français. Bon, elle a compris que ce n'était pas très net, ce que lui disait Erkhan, au moment où Bénédicte a fait sortir le malotru de la pièce, l'a emmené dans son bureau et l'a assis sur la chaise du coin, pour réfléchir. Pas dit qu'il ait beaucoup réfléchi… Mais nous, on a gambergé. Comment un enfant de cet âge-là peut-il sortir autant de gros mots à la minute ?

« Tourette ! » a lancé Charles, sûr de lui. Alors on a cherché sur Google. Évidemment, on n'y était pas. Pas du tout. Et on le savait bien. Mais on avait besoin de rigoler un peu. Oh oui, je sais, ce n'est finalement pas drôle, pas drôle du tout, même. Mais ça nous a fait du bien. L'histoire, la vraie, est beaucoup moins amusante. Laurence et Charles le savaient. Pas moi ni Bénédicte.

Alors Charles a raconté le peu qu'il savait, qu'il avait deviné quand il a eu Erkhan dans sa classe, au CP. L'arrivée d'Albanie, Maman et lui. Erkhan a trois ans. Maman est seule. Elle s'enfuit, sûrement. Le passage en Italie, quelques mois, et puis ces scènes, auxquelles aurait d'abord assisté puis participé contre son gré Erkhan.

Charles n'en sait pas beaucoup plus. Il a lu entre les lignes, imaginé ce que Maman essayait, sans vraiment le dire, de lui faire comprendre. Nous, on a écouté. On a compris, un peu. On n'a pas forcément su ce qu'il fallait qu'on fasse. On a encaissé. Et on a fait avec.

Erkhan, on y tient, tous. L'année où il était dans la classe de Charles, il y a deux ans, sa mère était sous le coup d'un arrêté de reconduite à la frontière. Elle avait peur. On a vu la police aux frontières rôder devant l'école aux heures de sortie, plusieurs jours consécutifs. Alors on faisait sortir Erkhan un peu plus tard, par une autre porte, où sa mère l'attendait.

— Si je dois les faire dormir dans l'école, je le ferai, avait dit Laurence.

On avait tous approuvé. Comme on les avait soutenues quand, avec Bénédicte, elles étaient allées les voir à l'hôpital, l'année suivante. Un grave accident de voiture. Maman conduisait. Petite nuit. Pas les yeux en face des trous. Erkhan était à l'arrière. Coma. Quelques heures.

Laurence est entrée dans le bureau de Bénédicte. Erkhan était toujours assis sur la petite chaise, dans le coin, les yeux en l'air. Erkhan, c'est une tête en l'air au sens littéral du terme. On a même l'impression que son cou est démesuré, tellement il lève la tête tout le temps pour regarder le ciel, ou le plafond. Là, c'était le plafond. Je n'ai pas entendu ce qu'ils se disaient, j'étais à l'extérieur. Mais, par la fenêtre, j'ai vu Laurence faire de grands gestes, parler fort, très fort, se rapprocher du visage du garçon, et Erkhan la regarder avec cet air de « je suis un ange, moi ; pourquoi tu me hurles dessus ? ».

Des fois, je me dis que ses cinquante kilos en trop, il faudrait qu'elle les garde, Laurence. Ça a de l'effet sur les gamins. En tout cas, là, ça a bien fonctionné. Erkhan n'a plus prononcé un gros mot pendant… quelques semaines.

8

L'ANNÉE AVANCE. L'hiver arrive. Je crois que personne ne se rend compte, vraiment, de ce que signifie l'hiver quand on est enseignant. Oui, oui, on est bien au chaud dans sa salle de classe, les radiateurs tournent à plein régime. Ça va, on n'est pas ouvrier sur un chantier non plus. Certes. Mais nous... On surveille la cour de récréation.

Eh oui, quinze minutes le matin, quinze minutes l'après-midi. Fermez les yeux, imaginez.

Le vent souffle fort, très fort. Pas moyen de trouver un endroit abrité. Il fait froid – non, il fait *horriblement* froid. Bonnet, écharpe, gants. Suffit pas. Un extérieur rectangulaire, damé d'un beau béton gris, huit mètres sur six à vue de nez. De grands murs, très hauts. Et des enfants, plein d'enfants. Ils courent, ils hurlent, ils sautent, ils chantent, ils se plaignent, ils se battent (parfois), et toi, toi, tu as froid, très froid. Et tu n'as pas *du tout* envie de régler la dernière dispute entre Amina et Lucie. Mais alors pas du tout.

Regard sur la droite. La voilà. Nathalie. Quand elle arrive, tu te dis qu'il faudrait que tu fasses un effort, parce que tu ne ressembles à rien, avec ton manteau Décathlon, ton bonnet rouge et tes gants jaunes. Nathalie, elle, est toujours superéquipée pour l'hiver. Doudoune gris brillant, bandeau rembourré dans les cheveux, leggings superépais, chaussures fourrées, gants en cuir et – la touche finale – lunettes de soleil.

— Ça va ?

— Je me caille, mais ça va.

— Ah ? Moi, j'ai pas froid !

(Silence.)

— Tu as vu Laurence, aujourd'hui ? Elle t'a parlé de l'histoire de Tarik ?

— Elle m'en a parlé hier. C'est dingue quand même ! La maman aurait pu venir nous voir, nous en parler... Et puis regarde Tarik, il a l'air d'aller bien.

— Ah, mais tu ne connais pas la dernière ?

— Quoi ?

— La maman de Tarik connaît très bien Jacqueline. Hier, elle a dit à Laurence que la lettre, elle l'avait montrée à Jacqueline avant de l'envoyer au rectorat.

Jacqueline et les collègues, donc. Jacqueline et le sens du travail en équipe, de la cohésion, du groupe. Jacqueline a vu et lu une lettre rédigée par un parent d'élève pour dézinguer Laurence auprès de la rectrice, et Jacqueline n'a rien dit. Les jours à venir s'annoncent… tendus. Il faut que je trouve Laurence.

Pendant que l'on papote, Nathalie et moi, ça continue de courir, hurler, sauter, chanter, se bagarrer autour de nous. De tomber, aussi. Un bruit sec juste à nos pieds. Teddy vient littéralement de se vautrer, tout seul, là, à un mètre de nous. Nathalie tourne la tête vers le blessé, passe une mèche de cheveux derrière l'oreille et, très sincèrement, me dit : « Ouh, il a dû se faire mal ! » Avant de reprendre le fil de la conversation. Ça, c'est Nathalie.

Elle a attendu d'avoir terminé ce qu'elle voulait me dire, puis s'est retournée vers Teddy et lui a dit :

— Allez, montre-moi maintenant. Où as-tu mal ?

9

J'AI TROUVÉ LAURENCE dans son bureau. Derrière son ordinateur. Elle tapait un peu fort sur le clavier. Encore un peu plus fort quand j'ai prononcé le mot qu'il ne fallait pas.

— Tu as parlé avec Jacqueline ?

— Jacqueline ? Et comment je fais pour lui parler ? Quand ça sonne, elle part avec les élèves. Même les parents n'arrivent pas à lui parler !

— Tu savais qu'elle connaissait bien la maman de Tarik ?

— Bien sûr ! Elle va lui donner des cours de soutien chez lui. Elle le ramène, des fois, même, après l'école.

— Et donc tu penses que c'est elle qui a dit à la maman de Tarik d'écrire au rectorat ?

— J'espère pas... Mais pourquoi elle n'est pas venue m'en parler, bordel ? On travaille ensemble, non ?

— Non.

L'enquête avait un peu avancé. Raphaël avait bien donné un coup de pied à Tarik dans le rang, juste avant d'arriver au portail. Abdallah l'avait vu, Enrico aussi. Abdallah et Enrico avaient aussi vu Tarik rester debout, ne pas crier, ne pas se plaindre. Pourtant, ce n'est pas un timide, Tarik. S'il a quelque chose à dire, il le dit. Fort si possible, et avec quelques gros mots aussi.

La maman de Tarik n'en démord pas : Tarik est blessé, et c'est à cause de Laurence, parce qu'elle n'a pas surveillé le rang.

Finalement, la maman de Tarik est comme toutes les mamans. Elle pense que les maîtresses ont des yeux partout, des oreilles aussi. Qu'une maîtresse est capable d'entendre quand Mathis insulte la mère d'Habib, ou quand Lucie tire les cheveux d'Amina devant la porte des toilettes. Elle pense que la maîtresse, tout ça, elle l'entend, elle le voit, et que si elle ne fait rien, si elle ne réagit pas, c'est que c'est une mauvaise maîtresse, c'est tout. Et qu'il faut la dénoncer. Au plus haut niveau, si possible.

— Le rectorat, ils t'ont appelée ?

— Non, l'inspection a intercepté le courrier, visiblement. J'ai eu la conseillère pédagogique en ligne, là, tout à l'heure. Elle doit venir à l'école jeudi, pour essayer de comprendre et de démêler tout ça. Ensuite, la maman de Tarik sera reçue par l'inspectrice.

— Et ?
— Et… Je n’en sais absolument rien.

10

ELLE A UN JOLI PRÉNOM, Valentine. C'est dommage que je ne puisse pas l'écrire, son vrai prénom[1]. C'est un prénom doux, comme elle. Un prénom qui brille, aussi – et pourtant, *elle* ne brille pas. Pas encore. Elle est statique, Valentine. La tête toujours bien droite, le regard un peu vague.

Alors oui, il y a ces cheveux. Volumineux, crépus. Des cheveux qui tiennent tout seuls. En fait, on voit ses cheveux avant de la voir elle, dans les couloirs.

Il faut dire qu'elle n'est pas bien grande, Valentine. Bien plus petite que les autres. C'est peut-être pour cela qu'elle se tient toujours si droite, la tête toujours si haut. Elle ne fait pas de bruit non plus. Et elle n'aime pas du tout, du tout qu'on l'interroge. Alors elle fait sa mauvaise

1. *Afin de préserver son anonymat, ainsi que celui de tous les personnages de ce livre.*

tête, pour commencer, au cas où. Comme ça ne marche pas (en tout cas avec moi), elle cède, mais avec une toute, toute petite voix, pour ne surtout pas qu'on l'entende. Je lui demande de parler plus fort. Ça non plus, elle n'aime pas. Elle parle un tout, tout petit peu plus fort, et puis je lui fous la paix.

Valentine écrit bien, vraiment très bien. Peut-être même *trop* bien. Trop bien parce qu'elle s'applique tellement à former les lettres qu'elle est très lente. Pour elle, ça va trop vite. Écrire la date, le titre, écrire la consigne – et tous les autres ont déjà fini l'exercice. Alors elle panique. Elle appelle au secours avec ses yeux, elle s'excuse aussi, elle regarde sa feuille vierge, et s'excuse.

— Ce n'est pas grave, Valentine. Prends ton temps, tu vas finir par prendre le rythme, ça ira.

À la sortie de l'école, c'est toujours lui : Papa. Avec son chapeau en feutre, son manteau gris, un peu long, ses grosses lunettes, et les quelques cheveux gris qui lui restent sur la tête. C'est Papa, parce que Maman, elle n'est pas là. Elle est là-bas, au Guatemala, loin. Elle y est restée quand Papa est venu chercher Valentine. Elle avait quatre ans. Elle ne le connaissait pas beaucoup, Papa, mais Maman a dit que c'était mieux pour elle, qu'il fallait qu'il l'emmène. Alors il l'a emmenée. Et maintenant ils vivent là, tous les deux. Juste tous les deux.

— C'est difficile, vous savez. Je suis vieux, elle ne m'aime pas, je crois.

— Vous ne pouvez pas dire ça. Il vous faut peut-être encore un peu de temps pour vous apprivoiser, pour apprendre à vivre ensemble.

— Je suis fatigué, je n'y arrive pas.

Cette conversation, on l'a eue au bout de quelques mois, Papa et moi. Les résultats de Valentine ne décollaient pas. Pas mauvais, mais moyens, trop moyens. Le travail à la maison n'était pas fait, ou mal fait.

— C'est elle qui ne veut pas, explique Papa. Elle crie, elle s'enferme dans la chambre, elle m'insulte.

— Elle vous insulte ? Valentine ?

— Oui, c'est dur. Je vous dis qu'elle ne m'aime pas.

Je lui ai demandé s'il serait d'accord pour que Valentine voie la psychologue scolaire. Je lui ai expliqué que cela ne sortirait pas de l'école, que ce serait juste, pour elle, un moyen de débloquer certaines choses, des choses qui l'empêchent d'entrer correctement dans les apprentissages. Ça lui ferait du bien, à elle. Et à lui, sûrement aussi.

Mais il ne veut pas. Il n'aime pas ce mot, *psychologue*. Et puis il a peur. Il a peur qu'on lui enlève sa fille. Il a peur qu'elle raconte qu'ils vivent dans un deux-pièces, tous les deux, que sa maman est loin, qu'elle lui en veut, parce qu'elle pense qu'il l'a volée à sa maman. Je n'insiste pas. Je lui en reparlerai, plus tard, il va peut-être y réfléchir.

Ce vendredi matin, dans la cour, j'ai aperçu Valentine toute seule. Elle n'est pas du genre à sauter partout et à tirer les cheveux de Lucie, mais, cette fois, ça m'a paru particulier. Même chose pendant la récréation de l'après-midi. Je l'ai observée, elle faisait des allers-retours seule, en regardant le sol. Quand je l'ai rendue à Papa, le soir, elle boudait encore. J'avais bien essayé de lui parler, mais elle n'avait rien dit, juste un demi-sourire, comme pour me signifier d'arrêter d'essayer de l'aider.

Je crois que Valentine a été vexée, aujourd'hui ; mais elle ne veut pas me dire pourquoi. Elle est très sensible aux remarques des autres, qu'elle n'accepte pas. Elle se rebelle, s'enferme dans sa coquille, ne parle plus.

C'est ce que m'a écrit Papa le lendemain, par mail. Je lui ai répondu que je pouvais peut-être essayer de comprendre les vexations de Valentine, de démêler tout ça, que je tâcherai d'en parler avec elle, que, si elle souhaitait me parler, je pourrais l'entendre, l'écouter.

Je vous remercie de votre implication, mais je pense qu'elle ne se confiera pas. Elle dit avoir tourné la page de son passé, mais je constate chaque jour des comportements qui ressemblent à des punitions qu'elle s'infligerait elle-même. Il lui arrive parfois, et encore aujourd'hui, de se blottir dans un placard, comme le lui demandait sa maman quand ses fournisseurs de « mort liquide » venaient la voir.

J'ai relu le message une bonne dizaine de fois. Ne sachant que répondre, d'abord. Ne sachant que faire, surtout.

Je n'ai pas répondu. Je n'ai rien fait, au début. Je me suis demandé quel rôle j'avais, moi, à jouer là-dedans, si même j'en avais un. J'ai en même temps entendu l'appel à l'aide que me lançait ce papa. J'ai attendu quelques jours, puis je lui ai proposé un rendez-vous, sans Valentine.

Il m'a de nouveau confié son malaise, son sentiment d'impuissance. Il m'a reparlé de la tyrannie que sa fille exerçait sur lui à la maison. Il m'a dit qu'il redoutait l'avenir, qu'il n'était pas éternel, qu'il se demandait ce qu'elle deviendrait après. Il m'a parlé de la maman, aussi. Il m'a raconté qu'elles se parlaient sur Skype, et que la maman voulait qu'il l'épouse, pour qu'elle puisse venir en France. Il refuse. Valentine ne comprend pas.

Et puis il a signé. Il a signé le petit papier qui permet à la psychologue scolaire de recevoir Valentine en tête à tête. Fébrilement, mais il a signé. Je lui ai dit de nous faire confiance. Il l'a fait.

Les séances durent un peu moins d'une heure. Martine vient chercher Valentine dans la classe et l'emmène. La première fois, la petite fille est partie un peu inquiète, m'a regardée, soupçonneuse.

Elle est revenue un peu triste – un peu plus triste, plutôt.

La semaine suivante, quand la psychologue a ouvert la porte, Valentine s'est immédiatement levée de sa chaise et l'a rejointe sans même me regarder, comme si elle avait attendu ce moment toute la semaine, comme si elle avait compris que ce serait un moment pour elle, un moment où elle pourrait vider un peu de ce sac qui pèse si lourd.

Il y a eu quatre, peut-être cinq séances, et Valentine s'est peu à peu ouverte. Elle a ouvert une petite brèche dans sa grosse coquille, et a commencé à exister. Elle que le Papa me décrivait tyrannique, violente parfois à la maison, et que je côtoyais si calme, si éteinte, a peu à peu accordé ses facettes. Doucement, mais vraiment.

Beaucoup de choses se sont débloquées. Elle a renoncé à sa belle calligraphie pour privilégier un peu de vitesse. Elle a souri franchement quand elle a, la première fois, terminé l'exercice presque en même temps que les autres. Elle a essayé, persévéré, et fini par réussir à poser une, puis plusieurs multiplications. Elle s'est défendue, dans la cour, quand on l'a embêtée. Elle a fait ses devoirs, presque régulièrement.

Je ne sais pas si les choses se sont améliorées aussi vite à la maison. Le papa ne m'en a rien dit. Il a juste vu, constaté, et s'est réjoui des progrès de sa fille, et nous a remerciées.

C'est mon anniversaire. Les enfants le savent. Je leur ai dit hier. Certains élèves m'ont apporté des fleurs, d'autres de jolis dessins. Erkhan a pris soin de ne pas dessiner de bite, cette fois. Valentine les a regardés, gênée. Elle n'avait rien. Ce n'était pas la seule, mais elle, visiblement, ça lui posait problème.

Ce matin, je les ai laissés jouer, dessiner, colorier. Elle a laissé son crayon sur sa feuille et n'a rien réussi à y faire. La page est restée blanche. Elle levait régulièrement le nez en l'air, puis tournait la tête vers moi. Mais rien, toujours rien sur sa feuille.

Je suis rentrée chez moi. J'ai ouvert ma boîte mail. J'avais reçu un message de Valentine. Une carte numérique, avec une jolie fleur qui s'ouvrait, doucement, et ces mots :

Merci maîtresse pour votre soutien.

J'ai immédiatement répondu :

Merci à toi, Valentine. Tu as vraiment bien choisi cette carte, tu sais. Cette fleur me fait penser à toi : un petit bouton que je commence doucement à voir éclore, et dont, je suis sûre, je verrai bientôt les pétales.

11

CETTE JOURNÉE de la mi-décembre est incroyablement douce. Je veux dire, côté météo. Pour le reste, je chercherais un autre adjectif. Il viendra plus tard, sûrement. Ce soir, quand je serai rentrée chez moi, que j'aurai retrouvé mes enfants, mon mari, ma normalité.

Parce qu'aujourd'hui, ma boîte à chocolats, elle était remplie, à craquer, rien qu'avec des chocolats que je ne connaissais pas, ou presque. Et autant dire que je me suis littéralement gavée. (Je ne sais pas m'arrêter.)

Ça a commencé avec Beverly ce matin. J'avais demandé aux enfants, à tous, comme chaque jeudi, de faire signer la dictée par leurs parents. Ils ouvrent leur classeur, je fais le tour de la classe. Je vérifie les signatures. Habib a oublié. Mathis a perdu son classeur. Erkhan ne trouve plus la bonne feuille. Martim « comprend pas ». Antoine n'a pas fait la dictée. Amina a encore eu zéro faute, sa maman n'a pas pu s'empêcher de rajouter « Bravo » à côté de la signature.

Me voilà devant la table de Beverly. Le classeur est ouvert, à la bonne page. Beverly a les deux mains posées dessus. Elle refuse de les soulever. Je lui demande de lever ses mains. Elle ne veut pas. Elle pleure. J'insiste. Elle finit par lever ses mains, mais elle pleure, encore. La signature y est mais trois fois. Raturée deux fois, puis correcte la troisième fois.

— Maman, elle ne sait pas écrire, Maîtresse, alors elle s'est trompée et elle a barré.

J'ai avalé ma salive, plusieurs fois, pour ne pas pleurer avec elle.

Un peu plus tard dans la matinée, Lucie est venue me voir, près de mon bureau.

— Maman m'a écrit un mot dans le carnet de liaison.

Bonjour Madame. Je suis désolée de vous demander ça, mais je ne m'en sors pas en ce moment, c'est vraiment compliqué. Est-il possible de me rembourser les versements de la classe verte de Lucie ?

Avale encore une fois ta salive. Ne pleure pas, pas encore.

On est descendus en récréation. Des peintres façadiers avaient eu une très belle idée, ce matin. Tiens, si on repeignait les coursives de l'école pendant une journée de classe ? ! Un tout petit peu sur les nerfs, j'ai hurlé sur les pauvres ouvriers, pinceaux à la main, qui ne faisaient qu'exécuter ce que le chef leur avait dit de faire. Je me suis mise le long du mur fraîchement peint, bras ouverts, pour que les enfants ne tachent pas leurs manteaux. Et, bien sûr, j'ai taché le mien. Neuf. Nathalie m'avait filé des complexes, alors je venais de m'en racheter un. Il m'avait coûté un bras (encore un). Autant dire que les ouvriers s'en sont pris une couche supplémentaire, devant les enfants bouches ouvertes, dont Kahina qui tremblait presque.

En remontant de la récréation, je vois Caroline dans le couloir avec Maëva, l'une de ses élèves. Hier déjà, Caroline m'avait demandé de venir voir. « Je pense qu'il y en a un demi-million... », m'avait-elle dit. J'ai regardé la (très) longue chevelure de Maëva. Je n'ai pas eu besoin de trop m'approcher. C'était Ibiza, là-dedans. Le Pacha en plein mois d'août. Ça grouillait, ça sautait, ça remontait par ici, ça sortait par là. Je crois que je n'en ai jamais vu autant d'un coup. Jamais de si gros.

Alors le soir, Caroline en a parlé à la mère de Maëva. Celle-ci lui a répondu qu'elle avait traité. Avec du vinaigre, parce qu'elle n'a pas les moyens d'acheter autre chose. Et puis, elles n'ont plus d'eau chaude. « La chaudière est cassée, je n'ai pas d'argent pour la réparer. » Caroline lui a conseillé de couper, un peu. Maëva ne veut pas. Il faut, Maëva, ça repoussera vite.

Ce matin, donc, Maëva a les cheveux un peu plus courts. Dix centimètres de moins. Ça n'a pas fait fuir les clubbers. On est passé à l'after sur la plage. Ça remue encore, un peu plus lentement, mais quand même. Alors nous avons prélevé un peu d'argent sur la coopérative scolaire et sommes allées acheter une lotion à la pharmacie. Caroline a mis des gants, a emmené Maëva dans les toilettes, et lui a appliqué la lotion, longtemps, soigneusement.

Françoise, la concierge, est en arrêt maladie. Il faudrait inventer une autre expression pour Françoise. En fait, quand Françoise travaille, c'est qu'elle fait une pause dans ses arrêts maladie. Donc, là, pas de pause : aujourd'hui, arrêt maladie, et ce sera pour une quinzaine – au bas mot. La concierge est absente, la mairie envoie un remplaçant. Le remplaçant est absent, sa mère est malade. La mairie envoie Marie-Louise, la femme de ménage. Ton boulot, Marie-Louise, ce sera de rester près du portail, pour être sûre que personne d'extérieur à l'école n'entre.

À 13 h 55, la cloche a sonné depuis cinq minutes, et il n'y a toujours pas d'élèves. Étrange. Une épidémie soudaine ? Intoxication générale à la cantine ? Laurence est au téléphone, je descends dans la cour.

Marie-Louise est debout, près du portail, elle surveille. De l'autre côté du portail, les parents, les enfants. Ça s'agite, ça s'excite. Forcément. La cloche a sonné, et le portail est resté fermé.

— Marie-Louise, tu remplaces Françoise ?

— Non, je remplace Jean-Pierre.

— Oui, Jean-Pierre qui remplace Françoise.

— Ah, d'accord, je ne savais pas.

— Peu importe, Marie-Louise. Mais là, il faut ouvrir le portail, ça a sonné.

— Ah, mais on ne m'a pas dit d'ouvrir le portail. On m'a dit de me mettre là et de surveiller.

— OK, Marie-Louise, pas de problème, je vais ouvrir le portail.

Laurence n'a pas sa classe aujourd'hui. Le jeudi, elle est « déchargée » (décidément, il y en a des mots moches dans ce métier). Une autre enseignante prend sa classe pour qu'elle puisse s'occuper de la direction et des (trop nombreuses) tâches administratives. La conseillère pédagogique doit venir à 14 h 30, pour parler de « l'affaire Tarik ». Laurence n'angoisse pas. Laurence n'angoisse jamais. N'empêche que, dans ma classe, à 14 h 30, moi, j'angoisse un peu.

La conseillère pédagogique n'a pas beaucoup de pouvoir, elle n'est pas la supérieure hiérarchique de Laurence, mais c'est elle qui fera un rapport détaillé à l'inspectrice avant que Laurence soit convoquée. Ça va bien se passer, Laurence a tous les éléments en main. Elle ne veut pas dézinguer Jacqueline, elle ne veut même pas en parler à la conseillère pédagogique, de l'implication de Jacqueline.

— On est collègues, je ne peux pas faire ça.

— Mais elle ne s'est pas gênée, elle.

— Moi, je ne suis pas comme ça. On parlera de Tarik, et uniquement de Tarik. Le reste, j'essaierai de le régler toute seule.

Il est donc 14 h 30. Laurence est en train de plaider sa cause, seule dans son bureau. Moi, je suis en classe, et je continue d'ouvrir ma boîte à chocolats.

Écriture – pardon : « production d'écrits ». Une consigne au tableau : un « cahier d'écrivain ». Les enfants notent la date, la consigne, et écrivent. La maîtresse ne corrige pas les fautes d'orthographe. Elle écoute ce qu'ont écrit ceux qui ont envie de le lire aux autres. Ils aiment ça, ils progressent et se lâchent de plus en plus.

« Écris une phrase dont tous les mots commencent par la lettre M. »

Pas évident, je sais. Essayez donc ! J'essaie aussi en même temps qu'eux. Je sèche. Eux aussi, ils sèchent. Mais pas si longtemps, finalement.

Ils ont tous essayé, en tout cas. Beaucoup ont presque réussi. À un mot près. Il n'y a que Miguel qui a fait le carton plein. Debout, son cahier dans les mains, pas peu fier, il toussote et commence :

— Ma maman mange ma merguez, mais Mamie mange ma moule.

Les nerfs, sans doute : j'ai pouffé.

Dommage que Laurence soit encore dans son bureau avec la conseillère pédagogique, parce que je serais allée la chercher, je l'aurais fait venir dans ma classe, et j'aurais demandé à Miguel de recommencer, juste pour elle. Ça nous aurait fait la journée. Ça aurait sauvé la journée.

Ça a presque sauvé la mienne. C'est déjà ça.

12

En descendant en récréation, je jette un œil dans le bureau de Laurence. Elle y est. Une dame est assise en face d'elle. Il y a plein de papiers posés sur le bureau, entre elles. Laurence écoute. La dame parle, beaucoup. Elles ne me voient pas.

Le vent s'est calmé. Je trouve une place au soleil. J'ai déjà essayé de surveiller la récréation en me promenant dans la cour, pour être sûre ou presque de tout voir. Impossible. Les CM2 sont plus grands que moi, ils me confondent avec les enfants.

Une fois, il y en a même un qui m'a dit : « Mais, pousse-toi, toi ! Tu vois pas qu'on est en train de jouer au foot ? » J'étais de dos. Quand je me suis retournée, il s'est déconfit. Vexée, je lui ai pris son ballon. Ouais. Il a boudé. Les autres aussi.

Charles arrive. Il est de surveillance avec moi. J'aime bien quand je suis avec Charles. Il est toujours supercalme, Charles. Je ne sais pas comment il fait, surtout avec des CP. Il y en a toujours au moins trois ou quatre autour de lui.

— Maître, tu peux me faire mes lacets, s'il te plaît ?

— Maître, elle m'a tiré la langue.

— Maître, tu trouves pas que je ressemble à une princesse ?

— Maîtreuuuh, j'ai pipieuh...

Stoïque, Charles répond à tous, sans jamais (quasiment) hausser le ton. Parce que moi, celui qui vient me voir dans la cour de récréation pour me dire « Maîtresseuuuh, j'ai pipieuh », alors que les toilettes sont à à peu près cinq mètres devant lui, il est reçu... différemment, disons. À part si c'est Kahina, bien sûr.

Charles a fait les lacets, félicité la princesse, tiré la langue en retour à la malpolie, et même emmené le dernier jusqu'à la porte des toilettes. Il vient se poser avec moi sur mon petit coin de soleil. Je commence à lui raconter mon mercredi, seule, avec mes enfants. Le grand qui a frappé le petit, alors le petit qui a mordu le grand. La mauvaise idée que j'ai eue de leur préparer des petits pois, parce que les petits pois, y a rien de pire pour dégueulasser la cuisine. Bref, la conversation est passionnante, en tout cas, moi, elle me passionne et, comme Charles est super bon public, il écoute et il approuve, avant de conclure : « Mes filles, elles n'aiment pas les petits pois. »

Pendant ce temps, ça court, ça joue, ça crie, ça tombe. Ça vient cafter, toujours, toutes les deux-trois minutes à peu près.

Cécilia arrive. (Elle cafte beaucoup, Cécilia.) Et comme ça fait trois fois en quatre minutes qu'elle vient cafter, on n'y prête pas trop attention. Mais là, elle insiste. Elle tire le manteau de Charles – pas le mien, vous l'aurez noté. Finalement, ça a l'air important.

— Maître, Maître, Maître, Maître ! Y a Farid et Gladys qui font des trucs dégueus, là-bas, derrière le mur.

— Des trucs dégueus ? C'est-à-dire ?

— Bah des trucs dégueus, quoi !

— Ah, va nous les chercher.

Farid, sept ans, un mètre soixante, dégingandé, la lèvre inférieure toujours un peu plus sortie que celle du haut, les yeux globuleux.

Gladys, un mètre dix, sept ans aussi, les cheveux en pagaille, de grosses lunettes qui cachent à peine des yeux qui ont du mal à rester parallèles.

Farid et Gladys, donc. Ils sont là tous les deux. Les mains croisées, la tête baissée. Charles s'accroupit.

— Qu'est-ce que vous faisiez, là-bas, tous les deux ?

Un attroupement se forme autour de nous.

— Je répète, Gladys : qu'est-ce que vous faisiez, là-bas, tous les deux ?

(Silence, joues rouges, je prends le relais.)

— Farid, regarde-moi, on ne te gronde pas – pas pour l'instant. On veut juste savoir ce que vous faisiez exactement.

— On jouait.

— À quoi ?

— On jouait, c'est tout.

— C'est bien de jouer-c'est-tout. Mais nous, on voudrait savoir à quoi vous étiez en train de jouer.

L'attroupement a enflé, certains ricanent, d'autres attendent, comme nous. Le suspense est insoutenable. Il est temps de disperser les foules. Charles se relève, fait ses gros yeux (rares, mais, du coup, terriblement efficaces), frappe dans ses mains. Une demi-seconde, tout le monde est parti. Sauf Farid et Gladys.

— Alors, reprend Charles, expliquez-nous donc un peu votre jeu.

— On jouait à la baise, avoue Gladys en se tordant les mains d'abord, en remontant ses lunettes sur son nez ensuite.

Charles me regarde. J'évite de le regarder moi aussi, parce qu'on va se mettre à rire, et on aura gâché ce beau moment de charisme et d'autorité.

— À la baise. Bien. Est-ce que vous pouvez nous en dire plus ?

— Bah, à la baise, quoi ! lance Farid, genre : « T'es con ou quoi ? Tu sais pas ce que c'est ? »

— Et ça consiste en quoi, de jouer *à la baise*, précisément ?

— Eh bien la maman, elle est à quatre pattes, elle fait le chien. Et le papa, il est debout, il tient la laisse. À la baise, quoi. C'est tout.

— C'est tout…

Sur ces entrefaites, comme si elle avait senti qu'elle était en train de rater quelque chose et que, vraiment, vraiment, il fallait être là pour l'entendre, Laurence arrive. Farid et Gladys, en voyant la directrice débarquer, se disent – fort à propos – qu'ils vont passer un sale quart d'heure. Mais comme ce n'est pas vraiment le moment, et que Laurence a des trucs bien moins drôles et bien plus importants à nous raconter, on les laisse filer en leur demandant de trouver un autre nom à leur jeu.

Charles propose « Le jeu du toutou », moi je préfère « Tiens bien ma laisse, Étienne, je glisse », mais je ne le dis pas.

— Elle est partie, la conseillère pédagogique ?

— Oui.

— Comment ça s'est passé ?

— Mal.

— Ah ?

— Elle parle de défaut de surveillance. Elle dit que la mère de Tarik a des certificats médicaux qui prouvent que les testicules de Tarik sont sérieusement abîmés. Elle dit aussi que je suis responsable, et que si la mère de Tarik décide d'aller porter plainte, ils ne pourront rien faire pour moi.

— Mais enfin, tu ne pouvais pas voir ! Et puis ce n'est pas toi qui l'as mis, ce coup de pied !

— Oui, mais je suis responsable des enfants, jusqu'à ce que la cloche sonne.

— Et ça n'avait pas sonné ?

— Je ne sais pas.

C'est la première fois que je vois Laurence aussi abattue. Abattue tout court, d'ailleurs. Quatre ans que l'on travaille ensemble, et je ne l'ai jamais vue baisser les bras, je ne l'ai jamais vue ne pas savoir comment gérer une situation, perdre son calme, son sang-froid – et là, sa détermination.

La récréation est terminée. Charles rameute avec beaucoup de peine son troupeau de CP. Je remonte mes CE2. Farid et Gladys se rangent devant l'escalier qui mène à leur classe. Ils se donnent la main. Ils seraient presque mignons. *Presque*, j'ai dit.

13

ELLE S'EST LEVÉE, d'un bond. La chaise a basculé en arrière. Elle s'est levée et elle a crié. Toute la classe s'est retournée sur elle.

— C'est parce qu'il veut être libre, Maîtresse !

Elle a lancé ça comme si sa vie en dépendait. Comme s'il fallait que tout le monde le sache, tout de suite, que tout le monde l'écoute, maintenant.

Jusque-là, pourtant, elle n'avait pas vraiment l'air d'être avec nous. Elle écoutait, sûrement, mais de loin. Elle tripotait son stylo, remuait les fesses sur sa chaise, tirait la langue quand d'autres la regardaient, comme elle le faisait si souvent, et si bien.

— Salif veut être libre, Maîtresse. C'est tout ce qu'il veut, être libre !

Elle se rassied, vidée, soulagée. La classe est silencieuse, presque éteinte.

Cela fait quelques jours que l'on travaille sur *La Voix d'or de l'Afrique*[1], un ouvrage dans lequel est racontée la belle histoire de Salif Keita. Enfin, pas si belle. L'histoire de ce petit garçon né blanc dans une famille noire, comme une anomalie. L'histoire d'un enfant rejeté qui ne veut qu'une chose : chanter. Ses parents refusent, les enfants le détestent, lui jettent des pierres, lui, cet enfant noir à la peau blanche. Alors il s'enfuit, seul, dans les rues de la grande Bamako.

— Pourquoi Salif s'enfuit-il ?

— Parce qu'il veut chanter, répond timidement l'une.

— Parce que son père le rejette, ajoute une autre.

— Parce qu'il en a marre qu'on se moque de lui, renchérit un garçon au fond.

— Parce qu'il est idiot. Il ferait mieux de rester avec ses parents, a dit un autre.

C'est là que Carla a bondi. Les mots l'ont écorchée, alors elle a riposté. C'est son ventre qui a parlé, son cœur, aussi.

— Oui, Carla. Ça veut dire quoi, être libre ?

— Ça veut dire aller où on veut, quand on veut. Ça veut dire ne jamais aller en prison.

---

1. *Michel Piquemal et Justine Brax,* La Voix d'or de l'Afrique, *Albin Michel Jeunesse, 2012.*

La discussion s'est arrêtée là. Carla est retournée dans sa bulle, et moi je n'ai pas voulu poursuivre le débat. Je n'ai pas voulu briser ce petit bout d'elle qu'elle avait enfin accepté de me livrer, après moins de cinq semaines passées ensemble. Je l'ai regardée fixement, comme elle me regarde depuis le début. J'ai fermé les yeux, elle a fermé les siens aussi, et nous sommes passés à la suite.

Elle est jolie, Carla. Elle a de très grands yeux. Ses cheveux sont sales, mal ou pas coiffés. Elle sourit, en coin seulement, mais elle sourit. En fait, il suffit de bien regarder. Elle n'est pas très grande, Carla, pas très épaisse non plus, pas très bien habillée, c'est sûr. Mais elle s'en fiche, je crois. Ses ongles sont sales, ses chaussures trouées, son nez mal essuyé. Et elle me regarde, toujours, beaucoup, fixement.

Cinq semaines donc qu'elle est arrivée dans ma classe. Timidement, au début.

— Tu me les donnes, ces cahiers, Maîtresse ? Faut pas que Maman elle paie ?

— Non, ils sont pour toi, prends-en soin.

— Je peux pas, Maîtresse. Mon petit frère, il va les abîmer, c'est sûr.

Elle sait lire, mieux que certains de mes CE2. Elle sait écrire, aussi, même si elle écrit très gros. Un expert en pédagogie aurait sans doute diagnostiqué un « problème de repérage dans l'espace ». J'y ai plutôt vu une folle envie de s'affranchir de ces lignes, de ces interlignes et de ces marges. Alors je l'ai laissée, quelque temps, écrire un peu plus gros que les autres, et on a progressé ensemble, doucement.

Elle compte, elle calcule, elle fait les exercices. Enfin, elle ne les fait pas tous. Un, peut-être deux. Et puis ensuite, elle joue avec ses stylos. Elle se lève, fait le tour de sa chaise, va piquer une gomme dans la trousse de l'élève derrière elle, joue avec, jusqu'à énerver l'autre, puis la remet et tire la langue.

Elle ne lève pas le doigt non plus. Elle parle quand elle en a envie, pas quand c'est le moment, jamais. Elle ne répond pas aux questions posées non plus, rarement. Carla, elle parle quand elle a quelque chose à dire. Alors elle le dit fort. En revanche, si je m'adresse à elle, directement, si je lui demande de me dire où se trouve le sujet du verbe dans la phrase, elle commence par m'interroger du regard. « C'est vraiment à moi que tu poses la question ? Tu es vraiment en train de t'intéresser à moi, là, Maîtresse ? » Alors elle prend du temps, une grande inspiration, elle remonte son dos sur sa chaise, observe la phrase qui est au tableau comme si elle allait y trouver un trésor, ne s'occupe pas des autres bras levés, des « Moi, Maîtresse, moi, je sais, moi ! », et répond, doucement, sincèrement, exactement.

L'enfant sauvage. Je me souviens que c'est comme ça que Charles en a parlé, la première fois. Charles gare sa voiture le long d'une grande place, derrière l'école et, depuis quelques jours, il la voyait, là, sur la place. Pieds nus, sans manteau en plein mois de novembre, et puis seule, surtout. Elle jouait, courait, observait, passait et repassait.

— Il faudrait peut-être prévenir la police, ou lui demander si elle a besoin d'aide, m'a dit Charles un jour, en salle des maîtres.

— Oui, ce serait bien. Tu ne l'as jamais vue avec un adulte ?

— Non, jamais. Mais je n'y passe que quelques minutes.

On n'a pas eu besoin de prévenir qui que ce soit. Ce sont eux qui nous ont prévenus. Les gendarmes. D'habitude, c'est la mairie qui appelle pour les inscriptions, pas la gendarmerie.

— Vous allez recevoir une nouvelle élève, en CE2. Elle était déscolarisée depuis quelques mois, nous suivons sa maman. L'histoire est complexe, on restera en contact.

Le lendemain, Carla est venue s'inscrire. Avec sa maman. Avec son petit frère dans une poussette. Et avec un homme, plutôt plus jeune que sa maman. La maman de Carla, elle porte des santiags. Elle a le visage abîmé et elle ne marche pas bien droit, peut-être à cause des santiags. Peut-être pas. L'homme avec eux non plus ne marche pas très droit, mais la poussette a l'air de l'aider à avancer.

Avant d'entrer dans le bureau de Laurence, la maman de Carla glisse une main dans l'une de ses santiags, elle y tripote quelque chose, le range plutôt, ou le cache. Elle s'installe devant le bureau. Carla reste debout, regarde ses pieds. Elle a des chaussures, aujourd'hui. Ce doit être pour ça qu'elle regarde de ce côté.

Papier de la mairie, carnet de santé, livret de famille.

— Nombre de frères et sœurs ?

— Un, il est là, il s'appelle Diego, il a trois ans.

— Excusez-moi, sur le livret de famille, je vois sept enfants, en tout.

— Ah, oui, mais non, c'est pas les miens. Enfin, ils sont placés, quoi. C'est *plus* les miens. Les miens, ils sont là.

Et Carla est arrivée dans ma classe. Avec tous ces petits bagages, plus ou moins visibles, plus ou moins lourds. Elle n'a pas posé de question, je n'en ai pas posé non plus. Elle m'a juste regardée, longtemps, fixement, souvent. Elle n'a pas voulu s'asseoir à la place que je lui proposais. Elle s'est approchée de mon oreille et m'a dit : « Je voudrais être assise seule, au début, s'il te plaît. » J'ai accepté. Pour quelques jours, pas plus. Le temps que les autres l'apprivoisent. Et surtout qu'elle les accepte, elle aussi, les autres.

Il y a un attroupement dans la cour. Près des toilettes. Que des filles, et des cris. Je m'approche, Lucie pleure. Amina la console. Autour d'elles, il y en a d'autres qui commentent et, un peu plus loin, adossée au mur, il y a Carla. Les sourcils froncés, les bras croisés. Elle relève les yeux pour croiser mon regard. Je me détourne.

— Carla nous a frappées, Maîtresse. Regarde, là !

— Comment ça s'est passé ? Pourquoi ?

— On ne sait pas, Maîtresse. On n'a rien fait, on n'a rien dit, elle est venue, et elle nous a frappées, fort, toutes les deux.

Je me retourne vers Carla, lui fait signe d'approcher. Elle refuse. Je fronce les sourcils à mon tour et hausse le ton. Elle refuse encore. Elle ne bougera pas. Je ne céderai pas. On reste comme ça un long moment. La meute se disperse, elle relève le regard, mes sourcils sont toujours froncés. Elle s'approche.

— Qu'est-ce qui s'est passé, Carla ?

— Rien.

— Si, tu les as frappées. Pourquoi ?

— Parce que.

— Non, ce n'est pas une réponse, ça.

— Parce qu'elles m'ont insultée.

— Qu'est-ce qu'elles t'ont dit ?

— À moi, rien. Mais aux autres, à tout le monde, elles disent que ma mère c'est une droguée, une putain, qu'elle est allée en prison…

Je comprends sa colère. Des mots d'enfants. Durs, plus violents que des coups. Pourtant, elle en a sûrement encaissé, Carla, des coups. Et des mots. Mais je la comprends. Bien sûr, je la punis, j'en parlerai à sa mère, mais je la comprends. Alors je punis les autres aussi.

Des mots d'enfants. Durs, mais pourtant si éphémères. C'est avec ces mêmes filles que Carla est devenue copine, quelques semaines après. C'est avec elles qu'elle joue dans la cour, presque calmement. C'est avec elles qu'elle bavarde en classe, maintenant qu'elle ne veut plus être seule. C'est aussi avec elles qu'elle sort de l'école, le soir, et attend sur le parvis que Maman arrive. Ou qu'elle n'arrive pas.

En classe, Carla a changé. Elle commence à ajuster son « problème de repérage dans l'espace », a dompté les lignes et les interlignes, un peu. Elle fait quelques exercices de plus. Elle lève le bras – pas le doigt mais le bras. Elle participe, même quand on ne l'interroge pas directement. Elle se lève moins. Elle ne tire presque plus la langue. Elle me regarde toujours beaucoup, fixement, souvent.

La semaine dernière, elle a perdu son grand cahier bleu. Celui dans lequel il y a les listes de mots à apprendre chaque semaine. Elle s'en est inquiétée, est venue me voir. Je lui en ai donné un autre, j'ai recollé les leçons, les listes de mots à l'intérieur. Elle m'a demandé de le garder, pour ne pas que Diego le prenne et dessine dessus.

Laurence entre dans ma classe et m'apporte un petit bout de papier avec un numéro de téléphone.

— Il faut que tu rappelles, c'est le gendarme qui s'occupe du dossier de la maman de Carla, me glisse-t-elle à l'oreille, il veut avoir des nouvelles.

L'homme est inquiet, il a le ton grave. Il s'excuse presque, me demande si je vais bien, si elle ne me pose pas « trop de problèmes », si elle vient tous les jours, si la maman ne fait pas d'histoires. Je n'ai pas l'impression qu'on parle de la même chose, de la même enfant. Je le rassure, lui dis qu'elle est là, qu'elle va bien, qu'elle essaie, qu'elle progresse, doucement, mais qu'elle progresse.

Une réunion de classe est prévue la semaine prochaine. Je mets un mot dans le carnet de liaison et j'informe les parents que je croise, au portail. La maman de Carla est là, ce soir. Toujours les santiags aux pieds. Aujourd'hui, c'est elle qui tient la poussette. Ou l'inverse.

— Je ne pourrai pas venir, je suis désolée.

— Vous êtes sûre ? C'est important.

— Je ne peux pas. Le truc, là, dans ma chaussure, il me surveille. Je n'ai le droit de sortir qu'à certaines heures, sinon, il déclenche un signal, et ils viennent me chercher.

— Je peux demander une autorisation spéciale au juge, si vous voulez. C'est possible.

— Non, merci. Vous me raconterez.

Carla est là, à côté. Déçue. Elle me regarde, je lui souris.

14

La maman de Tarik a été reçue par l'inspectrice hier. Elle ne nous l'a pas dit, à nous. Mais elle l'a dit devant l'école aux autres parents. Elle leur a dit qu'elle avait rendez-vous avec l'inspectrice, et qu'elle comptait bien lui dire que Laurence s'occupe mal de leurs enfants, que c'est la faute de Laurence si son fils a mal aux testicules, que les enfants, dans cette école, sont en danger.

On ne l'a pas entendu, mais on l'a su. Le portail de l'école, c'est un peu comme le café du coin. Ça parle le matin, le midi, l'après-midi, le soir. Et ça ne parle pas beaucoup, pas toujours pédagogie.

— La mère Machin, elle a pris du poids, non ?

— Dis donc, il paraît que la mère Chose, elle couche avec le père Truc. Si si ! C'est Chose qui me l'a dit.

— La remplaçante, là, elle donne beaucoup de devoirs, non ? Je vais lui dire.

— Mon fils, il a encore été puni hier, mais moi, je sais qu'il a rien fait. C'est l'autre, là.

Ça parle, et il arrive aussi que le ton monte, fort. La maman de Sabrina a décidé de dire à la maman de Loubna que leurs filles n'étaient plus copines. Alors la maman de Loubna le prend mal, et elle l'insulte. Et la maman de Sabrina décide de lui mettre une petite claque, comme ça, devant tout le monde. C'est quand même mieux.

Du coup, la maman de Tarik, devant le portail de l'école, elle a du public – du bon public. Ou pas. Elle parle. Elle attaque. Elle balance. Elle en rajoute. Et nous, on le sait, après, parce qu'il y a toujours une maman pour venir nous le raconter et nous poser des questions, le plus de questions possible, manière de se faire remarquer à son tour devant le portail de l'école, le lendemain.

— Après son rendez-vous avec l'inspectrice, tu as reçu un coup de fil, quelque chose ?

— Non.

— Tu devrais peut-être prendre les devants, demander un rendez-vous toi aussi avant d'être convoquée.

— Je serai convoquée, c'est sûr.

Laurence n'a plus envie, je le vois. Je le comprends. Un peu. Je ne la reconnais pas. Le rendez-vous de la semaine dernière l'a déçue. Elle pensait qu'elle serait soutenue, tout de suite. Ce n'est pas le cas, et ce ne sera pas le cas. Elle ne risque pas grand-chose, finalement. Une convocation chez l'inspectrice, peut-être un blâme, et encore. Mais ce qui la touche, Laurence, c'est qu'on attaque sa probité, qu'on s'en prenne à elle, juste à elle, sans justification. Qu'on dise que c'est à cause d'elle si un enfant est blessé. Que, devant l'école, on dise qu'à cause d'elle des enfants sont en danger. Parce que c'est faux, bien plus que faux, même.

Ce n'est pas la première fois qu'elle a affaire à un parent mécontent, et ce ne sera pas la dernière. Mais là, c'est différent.

— Cinq ans qu'on fait tout, tous, pour les gosses de cette école. Cinq ans qu'on accompagne les parents, qu'on guérit les enfants, qu'on s'occupe d'eux. Et là, on m'attaque moi, on amène des certificats médicaux, on me fait un procès. Pour un coup de pied ? Si j'avais su, je l'aurais donné moi-même, ce coup de pied. Ç'aurait été plus rapide, et ses testicules, ils auraient vraiment morflé.

On l'écoute, elle a besoin de poser tout ça là, sur la table de la salle des maîtres, à côté de la boîte à chocolats vide, et de toutes les autres pas encore ouvertes, que les parents nous ont amenées en cette fin d'année. Elle a besoin de dire des choses qui dépassent sa pensée, de s'énerver, de pleurer, si elle veut.

Non, elle ne pleurera pas. Ce n'est pas son genre.

Charles l'observe, puis me regarde. Je le sens inquiet. Moi, je le suis.

Nathalie ne dit rien. Elle écoute aussi. Elle ne reluque même pas les chocolats.

Caroline est là. Elle n'avait pas sport, ce midi. Et puis, même si elle avait eu sport, elle n'y serait pas allée. La famille a besoin d'être réunie ici, dans cette petite salle aux murs noirs, avec ce frigo qui fait tant de bruit et ce micro-ondes qui réchauffe si mal.

C'est pas grave. Réchauffer, on s'en occupe, finalement.

15

En arrivant ce matin, je savais que cette journée allait vriller. Je le savais, parce que ça faisait des semaines que je repoussais au lendemain. Mais là, j'étais dos au mur.

Il me reste trois jours pour faire fabriquer aux enfants un objet qu'ils pourront vendre au marché de Noël. Un objet – si possible pas trop moche – pour lequel les parents seront d'accord de débourser un ou deux euros. Un ou deux euros pour payer une journée de travail abominable, une idée pourrie et, bien sûr, des objets mal faits.

Cette année, quand même, je me suis fait des nœuds au cerveau. Je me suis demandé, moi, en tant que maman, quel serait l'objet fabriqué par l'un de mes fils qui me serait utile, que je ne jetterais pas dans une poubelle au bout de quelques semaines – pardon, quelques jours.

Un calendrier ! Oui, c'est bien, ça, un calendrier... C'est neutre, c'est utile, et ça peut aussi être joli. (Enfin, pour ce dernier point, faut voir.)

Bon, il faut dire que j'ai vu grand. Peinture, mais pas seulement. Il y aura aussi de l'encre, des craies grasses, du découpage, du collage – et on y mettra même un petit brin de laine en haut, pour l'accrocher. Je n'ai rien inventé. Il y a assez d'enseignants pour poster sur Internet leurs supers idées... Sauf que ces enseignants-là, ils ne doivent pas avoir tout à fait la même classe que la mienne. Parce que bizarrement, le résultat est toujours très différent.

Mes élèves trépignent. Chaque jour, je leur dis que ce sera demain. Alors, quand je me poste devant eux, leur demande de ranger tout ce qu'il y a sur leurs tables, d'aller chercher leur tee-shirt d'arts plastiques, ils bondissent, ils hurlent, ils jubilent. Et moi, je regrette presque déjà.

Habib a mis son tee-shirt à l'envers.

Erkhan l'a mis sur la tête.

Amina a une belle blouse rose, avec les manches et tout. Elle me demande de lui faire une tresse, parce que Maman, elle a dit, si tu fais de la peinture, demande à la maîtresse de te faire une tresse. Mais la maîtresse, elle ne sait pas faire les tresses. C'est pour ça qu'elle a deux garçons, justement. Pour ne pas avoir à faire des tresses.

Mathis n'est pas là, tant pis pour lui. Peut-être que pour une fois il regrettera de ne pas être venu à l'école.

Léonard est « *very* content ».

Martim « comprend [toujours] pas », mais, comme ça s'agite, il s'agite aussi. Et peut-être bien qu'aujourd'hui il va faire ce que je lui demande, tiens.

Carla a le sourire jusqu'aux oreilles, et Antoine a les yeux qui brillent. Ça m'aide à me lancer.

— Prenez la feuille de carton dans le sens de la hauteur. Non, Habib, ça ne veut pas dire que tu dois te mettre debout. Non, ni la tenir en haut de tes bras. Tu la poses sur ta table dans le sens de la hauteur, comme ça. Regarde. Voilà.

— Comme ça, Maîtresse ?

— Comme ça, c'est bon ?

Erreur de débutante. Je me suis approchée de la table d'un élève pour vérifier son travail, alors les autres en veulent autant : il va falloir que j'aille vérifier toutes les tables pour ne vexer personne.

— Oui, oui, écoutez bien la suite. Avec la peinture dorée, vous allez peindre ces larges bandes de carton. Ensuite, il faudra les coller sur la grande feuille, pour former un cadre.

— C'est quoi un cadre ?

— On peint avec les doigts ?

— On colle avec du scotch ?

L'avantage, dans ce job, c'est que tu n'as pas besoin de *brainstormer* longtemps pour savoir si tu as bien bossé. Tu le vois tout de suite. Et là, j'ai merdé. Consigne mal formulée, ça va être l'enfer.

Effectivement.

De la peinture sur les tables, sur les doigts, dans le nez, dans les cheveux. (Pas ceux d'Amina, heureusement.) Des morceaux de carton partout sur le sol. (Marie-Louise va faire une attaque.) Habib s'est amusé à se coller les doigts entre eux avec la colle liquide. Erkhan a fait couler de la peinture sur la table pour faire des « petites crottes », Martim a tenu absolument à écrire « Bonne année » en portugais au milieu du cadre, et Amina a dessiné des petits cœurs partout sur sa feuille.

Caroline est entrée dans ma classe en pleine bataille. Elle a failli refermer la porte immédiatement, mais est finalement restée, debout, près de l'entrée, et a observé, sourire en coin. Elle, ses objets de Noël sont prêts depuis longtemps. Des couronnes en papier mâché. Oui. Et sans douleur. Parce que les arts, tout ça, c'est son truc, à Caroline. Elle en fait tout le temps avec ses élèves, et le pire c'est qu'elle adore ça. Alors elle a le droit de se moquer (un peu), mais pas trop parce que là, j'ai les joues toutes rouges, j'ai enlevé pull et gilet, j'essaie de décoller les doigts d'Habib et de nettoyer les petites crottes d'Erkhan.

— Je peux te parler ?

— Euh, oui, attends, j'arrive.

— Laurence est partie. Elle a réparti ses élèves dans les autres classes pour l'heure qui reste, et elle est partie. Elle ne m'a pas dit pourquoi.

— Ah. OK. Merci. Je vais l'appeler, après.

En fait, je n'ai pas eu besoin de l'appeler. Je suis juste allée devant le portail. J'ai rendu les enfants à leurs parents, et j'ai écouté. La mère de Tarik est venue à l'école cet après-midi. Elle est entrée dans la classe de Laurence, pour lui parler. Dans le couloir, elle lui a dit qu'elle allait porter plainte, au commissariat, directement.

16

LES VACANCES SCOLAIRES arrivent. « Vacances d'hiver », dit le planning officiel de l'Éducation nationale. Vacances de Noël, disent les enfants. Papi, Mamie, cadeaux, train, voiture, neige pour les plus chanceux. On a du mal à les tenir pendant la dernière semaine avant les vacances que vous pouvez appeler comme vous voulez. Des piles électriques. Pas plus de trois minutes d'attention.

Mais Carla a l'air triste.

Je lui dis d'emporter son grand cahier bleu, qu'elle pourra y réviser les mots, que nous ferons une grande dictée à la rentrée, mais qu'il faut surtout qu'elle se repose, qu'elle profite de son petit frère, de sa maman. Elle esquisse un sourire, surtout pour me faire plaisir, je crois.

Mathis est revenu, pour quelques jours. Il savait qu'on allait au cinéma, mais ne savait pas quel jour précisément. J'ai fait exprès de ne pas leur dire, de prétendre que je ne me souvenais plus. Comme ça, Mathis est venu toute la semaine, ou presque. Surexcité, comme les autres, mais présent.

Laurence, elle, n'est pas revenue. Une semaine d'absence. En cinq ans, elle n'a pas pris un seul arrêt maladie. La grippe, la gastro, sa fille malade, un rendez-vous urgent chez le kiné… Peu importe, elle s'arrange, elle s'organise, mais elle est là, quoi qu'il arrive. Alors on s'inquiète tous. Elle ne répond pas au téléphone. Juste aux SMS.

« Je vais bien, j'ai besoin de me reposer. »

Charles a essayé de passer chez elle. Greg lui a dit que Laurence dormait. Pas plus. En remontant dans sa voiture, elle lui avait envoyé un SMS.

« Merci, on se voit après les vacances. »

17

Un lundi de janvier. Froid, un peu. Carla n'est pas là. C'est la première fois qu'elle est absente. La première fois depuis qu'elle est dans ma classe. Je m'en inquiète, un peu. J'aurais voulu en parler à Laurence. Elle m'aurait dit que faire. Mais Laurence non plus n'est pas là. Je décide d'attendre, un jour ou deux, et puis j'appellerai.

Mardi matin. Carla est là. Elle a des chaussures qui brillent, un manteau bien chaud, une barrette dans les cheveux, un cartable sur le dos. Elle est là, devant le portail de l'école. Pas avec Maman. Avec deux adultes qu'on ne connaît pas.

— Vous êtes la maîtresse de Carla ? On peut vous parler ?

— Oui, bien sûr. Carla, va dans la cour, va voir tes copines.

Éducateurs. Foyer. Maman incarcérée. Contrôle judiciaire violé. Enfants placés. La veille de Noël.

— On ne va pas pouvoir la laisser dans cette école, c'est trop loin du foyer.

— Si, il faut la laisser ici !

— Non, c'est impossible, il n'y a pas de place à la cantine, on ne peut pas venir la chercher chaque midi et la ramener, c'est trop loin.

— Il ne faut pas la changer d'école, vraiment.

— On va essayer quelques jours, quelques semaines, mais, vraiment, c'est compliqué.

Carla ne s'est pas beaucoup éloignée. Elle m'a regardée pendant que je parlais avec eux. Elle a compris. Elle fronce les sourcils. Je soutiens son regard.

J'ai envie d'appeler Laurence. Elle a forcément une solution. Mais ses derniers SMS étaient clairs : « Encore un peu de temps, je reviens bientôt. » Charles l'a vue pendant les vacances. Quelques heures, chez elle. Elle lui a parlé. Elle lui a raconté sa convocation au commissariat, ses appels sans réponse à l'inspection. Les certificats médicaux douteux, ambigus. Tarik aurait un problème aux testicules depuis longtemps, depuis avant le coup de pied de Raphaël. Les questions du policier, son étonnement aussi, mais, vous comprenez, il faut quand même qu'on étudie le dossier, la maman a porté plainte.

Oui, c'est bien le problème.

Laurence s'est retrouvée assise, dans le bureau d'un policier, parce que la maman de Tarik a porté plainte contre elle. Mise en cause, montrée du doigt. Elle n'a rien fait. Elle n'y est pour rien. Tout le monde le sait, même la maman de Tarik le sait. Mais il faut attendre, attendre que tout soit clarifié, que les responsabilités soient clairement établies.

Laurence reviendra, il faut qu'elle revienne. Sans elle, je n'y arriverai pas.

Je n'ai rien pu faire. Je n'ai pas pu empêcher ça. Carla doit partir. J'ai réussi à joindre sa nouvelle école, parlé avec le directeur, demandé à parler à sa future maîtresse, demandé à ce qu'on soit en contact, à ce qu'on prenne soin d'elle, comme des autres.

— Prends tes cahiers, Carla, tous, je te les donne. Tu les montreras à ta nouvelle maîtresse, elle verra comme tu as progressé. Regarde, tu as vu les premières pages et les dernières ? Tu vois la différence ? Il faut continuer, progresser encore !

— Je ne veux pas partir, Maîtresse. Je veux rester avec toi.

Elle a les mains au fond des poches, comme si elle y gardait un trésor. Elle s'approche de mon bureau, elle veut me montrer son trésor. Des bonbons, de toutes sortes. Il n'y en a pas un comme l'autre.

— Je les ai piqués au foyer, Maîtresse. Un peu partout. Tu leur dis pas, hein ?

— Non, je ne dirai rien.

— Mais je n'en ai trouvé que vingt et un… On est vingt-cinq dans la classe, comment on fait ?

— Je vais en acheter d'autres, on les mangera ce soir, avant la fin de la journée, avant que tu partes.

Les semaines ont passé. Je n'ai pas eu de nouvelles de Carla. Sa nouvelle maîtresse ne m'a jamais rappelée. J'ai croisé sa maman, un matin, très tôt, dans une rue du centre-ville. Elle était debout, au coin de la rue, elle avait froid. Elle m'a souri, je me suis approchée.

— Je vais voir Carla. J'attends un ami, il va m'emmener au foyer pour que je la voie avant qu'elle parte à l'école, j'ai le droit.

— Très bien. Embrassez-la bien fort de ma part !

— Oui, elle m'a parlé de vous. Je vais la récupérer. Le juge, il a dit un an. Après, je vais les récupérer tous les deux, et je l'inscrirai dans votre école encore. Un an, c'est tout.

Elle ne les a pas récupérés. La maman de Carla est morte. La rumeur est arrivée jusqu'à nous sans qu'on sache quand, ni comment, ni pourquoi. Sans qu'on sache ce qu'est devenue Carla, comment elle va, où elle est, ce qu'elle fait.

Je suis enseignante. Je ne suis pas gendarme, ni juge, ni éducatrice. Je suis enseignante, c'est tout.

18

ELLE EST GENTILLE, la remplaçante de Laurence. Elle est vraiment, vraiment gentille. Elle a une toute petite voix, elle est très discrète. Elle a du mal à exister, Déborah. À la photocopieuse, elle attend son tour, assise. Forcément, comme elle ne dit rien, tout le monde lui passe devant. Même chose au moment du repas, pour faire réchauffer son Tupperware. Alors, quand elle commence à manger, on a tous fini.

C'est vrai, on ne l'a peut-être pas vraiment bien accueillie. Je veux dire, ce n'était pas très chaleureux. On n'avait pas envie qu'elle soit là, on voulait que Laurence ne soit pas partie. Elle n'y est pour rien, Déborah, mais nous, il fallait qu'on digère, il nous fallait juste un peu de temps.

Les élèves non plus ne l'ont pas accueillie très chaleureusement. Enfin si – de la chaleur, de l'enthousiasme, du bruit, beaucoup de bruit, il y en a dans la classe d'à côté depuis qu'elle remplace

Laurence ! J'y ai passé la tête hier, pour voir d'où venaient ces gloussements et ces bruits de chaise. Je me suis frotté les yeux plusieurs fois...

Devant le tableau, de dos, Déborah. Elle écrit et parle. Enfin, je vois ses lèvres bouger, mais je n'entends rien. Dans la classe, l'enfer, ou quelque chose qui s'en approche.

Trois élèves debout sur leur chaise, des boulettes de papier qui volent.

Pas un seul gamin n'a le même cahier posé sur sa table.

Certains dessinent, d'autres jouent aux morpions sur leur ardoise.

Debout, derrière le bureau de Laurence, ils sont quatre. Ils farfouinent dans les tiroirs.

Au fond, assise par terre, Yamina est en train de faire une tresse à Sarah (je note quand même qu'il faudra que j'appelle Yamina, la prochaine fois qu'on fera de la peinture, pour qu'elle fasse une tresse à Amina).

Je referme la porte. Rien vu rien entendu. Ah ça, avec Laurence, ça n'arriverait pas. Laurence, elle la tient, sa classe ; ils l'écoutent, ils travaillent. Non mais !

Je m'apprête à repartir dans ma classe, et puis je m'arrête. Je rembobine. Cinq ans en arrière, quand j'ai commencé, comme Déborah, quand j'ai souffert, comme elle. Quand j'aurais tant aimé que quelqu'un ouvre la porte et m'aide.

L'année où j'ai passé (et réussi) le concours de recrutement de professeur des écoles, aucune formation n'était prévue. Nous passions le concours – épreuves écrites, épreuves orales, admission – et, en septembre, pas le temps de réfléchir : en poste ! Nous n'aurions de stagiaire que le nom pendant une année scolaire.

Je dois être complètement honnête : en fait, nous avons reçu deux jours de formation. Pendant ces deux belles journées, nous avons appris à préparer des séances de mathématiques, de français, à peaufiner les consignes, à emberlificoter les exercices. Bref, forts de cette préparation, nous pouvions assumer pleinement et fièrement notre nouveau statut de professeur des écoles stagiaire.

Brigade. Un mot assez barbare, encore un. Il désigne les enseignants qui, par choix ou de force (comme c'était notre cas cette année-là), sont appelés le matin même pour aller remplacer un enseignant souffrant, en formation, ou au chevet de son enfant malade.

Cette semaine-là, nous avions reçu nos affectations trois jours seulement avant de commencer pour de vrai. CADEAU, ne remerciez personne ! CM1-CM2, École Albert-Camus, REP +. Mes yeux brillent : je vais être enseignante pendant deux jours d'affilée en CM1-CM2 dans une école de ma ville ! La nuit est courte, agitée, entrecoupée de réveils et de rêves pas très agréables.

Enfin me voilà devant la porte de l'école. Une (très) vieille école. Aux murs (très) hauts. Il est tôt, mais le directeur est là. Je me présente.

— Putain, mais c'est pas vrai ! Ils font chier à l'inspection ! Je leur ai dit que cette classe était hyperdifficile, qu'il ne fallait pas envoyer de stagiaire...

Glurps.

Ils sont vingt. Ils sont grands. Certains (et certaines) me font peur. Ils le voient. Je suis foutue.

Ce sont des enfants, me répété-je, ce ne sont que des enfants. Si tu leur proposes une séance intéressante, ça va bien se passer...

Le temps de baisser un œil sur le cahier d'appel, une gomme a volé au-dessus de mon bureau. Je ne l'ai pas vue, cette gomme. Je continue l'appel. Cette fois, c'est un crayon qui tente un looping devant le tableau. La journée va être longue.

La journée a été très longue.

Deux filles se sont battues dans la classe, j'ai dû les séparer, faute de pouvoir sortir de ma classe pour appeler à l'aide.

Une autre fille a pleuré à chaudes larmes. Quand je lui ai demandé ce qu'elle avait, elle m'a donné un bout de papier. Je l'ai déplié. Des insultes dont je n'avais pas idée de l'existence étaient écrites dessus, avec des stylos de toutes les couleurs. Les autres filles de la classe ricanaient.

Un grand garçon – un grand gaillard, même – m'a tenu tête quand, essoufflée, je lui ai demandé d'aller dans le bureau du directeur. Il a refusé, s'est levé, m'a regardée avec ses vingt centimètres de plus que moi, a croisé les bras et m'a dit : « Essaie de m'emmener là-bas ! »

Les autres, sans doute galvanisés par le taux d'excitation ambiant, ont bavardé, rigolé, gribouillé. Quelques-uns ont essayé de travailler. Moi, j'ai failli crever.

À plusieurs reprises, j'ai repensé à ces deux jours de formation. Si tu leur proposes une séance intéressante, tout se passera bien. J'ai exposé ma situation-problème, formulé avec précision mon accroche, reprécisé mes jolies consignes, survendu mes exercices emberlificotés. J'ai proposé de la métacognition, des situations béhavioristes.

Rien n'y a fait.

Fin du premier jour : les élèves 1 – l'enseignante KO.

J'y retourne pourtant le lendemain. Je demande l'aide du directeur. Il entre dans la classe avec moi, les élèves derrière. Sa présence, son expérience, son statut. L'ambiance s'apaise. Un peu. La journée se passe mieux. Un peu mieux.

Déborah, elle ne nous demandera pas d'aide, elle n'osera pas, craindra de nous déranger. C'est à nous de la lui proposer, de la lui imposer.

Je reviens sur mes pas, inspire très fort et ouvre la porte très fermement. Je n'ai pas les cinquante kilos en trop de Laurence, mais de la voix, j'en ai. (Suffit de demander à Kahina…)

Les murs tremblent, les enfants aussi. (Déborah aussi.)

Nathalie sort de sa classe.

Charles ferme simplement la porte de la sienne.

Jacqueline rebouche encore un peu mieux l'entrée de sa grotte.

Caroline n'a pas entendu, elle faisait des arts plastiques.

Je ne sais pas si j'ai hurlé comme ça, depuis.

Je reprends finalement ma respiration et entre dans la pièce. Le silence en devient presque flippant. Je claque des doigts vers Yamina et Sarah, vers les quatre autres qui sont derrière le bureau. Je n'ai pas le temps de m'adresser aux trois loustics qui sont debout, ils se sont déjà rassis. Je claque des doigts une seconde fois, ils sortent tous leurs carnets de liaison. Je prononce trois mots – « parents », « téléphone » et « convocation ». Et je repars, vingt-trois carnets sous le bras. Juste le temps de jeter un œil vers Déborah. Gênée, mais soulagée, elle souffle un petit « Merci… ».

19

CE SOIR, dans ma classe, j'ai l'impression d'être médecin. Je suis dans mon cabinet, assise derrière mon bureau, et, par le hublot de la porte, je vois la file d'attente s'allonger. Mais moi, je n'ai pas de chaise, dans ma salle d'attente. Ils attendent debout, dans le couloir. Un couloir ni isolé ni chauffé. Ils attendent, et ils ne sont pas très patients, mes patients.

Il faut dire qu'ils viennent chercher une ordonnance un peu spéciale… Avec celle-là, ils ne pourront pas obtenir d'antibiotiques, ni même de collutoires. Ils pourront juste féliciter pour certains, s'arracher les cheveux et se faire mal aux cordes vocales pour les autres, continuer à s'en foutre pour quelques-uns, aussi.

Les parents de mes élèves viennent chercher les bulletins du premier trimestre. C'est moi qui les ai convoqués, tous. Je leur ai juste laissé le choix de la date et de l'heure.

On fait comme ça chaque année, tous, et chaque trimestre. Ça nous prend du temps, beaucoup de temps, mais c'est important. Parler avec les parents ailleurs que sur le trottoir, prendre le temps de savoir comment ça se passe à la maison, comment ils vivent, eux, la scolarité de leur enfant. Comment je vis, moi, ma cohabitation avec cet élève. Comment lui, l'enfant, vit ses journées d'école, ses apprentissages.

Pour certains, le rendez-vous est rapide. Tout va bien.

Amina comprend tout, très vite, applique tout, très bien, et travaille dur. Il faut juste continuer.

Lucie doit se concentrer davantage, éviter de papillonner, mais les résultats sont satisfaisants.

Pour d'autres, c'est plus long, plus compliqué, parfois presque tendu.

La maman d'Habib, elle en impose. Elle est grande, très maquillée, habillée très serré, avec d'énormes boucles d'oreilles rouges et une voix pas du tout raccord avec le reste. Une grosse voix, caverneuse, presque effrayante, et le vocabulaire qui va avec. C'est elle qui attaque d'emblée.

— Alors, il branle rien, c'est ça ? C'est ça, hein ? Je le sais, il en fout pas une !... À la maison, c'est pareil.

Habib s'enfonce dans sa chaise. Il la craint, Maman, ça se voit. Il faut que je temporise.

— Disons qu'il y a beaucoup de domaines dans lesquels il a du mal à assimiler les notions.

— Il a du mal rien du tout ! Il a pas envie, c'est tout, je vous le dis, moi. Habib, il croit que la vie, c'est les copains et le football.

Elle se tourne vers son fils. Hop, un petit calebotte derrière la tête. Habib s'enfonce encore un peu plus. Je ne l'ai jamais vu comme ça. On dirait que ses yeux vont toucher ses chaussures. J'ai presque envie de changer son bulletin, là, discrètement, et d'y mettre celui d'Amina à la place, histoire qu'il passe une bonne soirée.

— Madame, il y a peut-être autre chose. Peut-être qu'il ne comprend vraiment pas, qu'il faut juste lui apporter un peu plus d'aide. Je pensais le signaler au RASED. On peut essayer ça.

— Essayez ce que vous voulez, je m'en fous, moi ! Je vais faire comme lui, maintenant, m'en foutre. Hein, Habib ? Maman, elle va s'en foutre, tu entends ? Tu sais ce qu'elle a vécu, Maman, pour arriver ici ? Tu sais le nombre d'heures de travail de Maman, là-bas, au pays, pour obtenir un diplôme et avoir le droit de venir ici en France ? Comprend rien, ce gosse. Rien, je vous dis.

Elle m'arrache littéralement le bulletin des mains, signe et se lève. Pas un regard sur son fils. Habib, lui, me regarde. Il m'en veut, je le sais. Je n'avais pas le choix, Habib.

Il se lève, range sa chaise, chose qu'il n'a jamais faite en classe, et rejoint sa mère.

Patient suivant ! Je regarde ma liste. Sabrina. Ah, Sabrina, ce sera plus simple... Elle a un bon bulletin, elle est sympa. Parfait, c'est ce qu'il me faut, là, tout de suite.

Maman s'assied. Sabrina n'est pas là.

— Pas la peine, dit Maman. Ça me regarde moi, pas elle.

— Euh, je ne suis pas vraiment d'accord... C'est bien de Sabrina dont on va parler, non ?

— Oui, mais entre adultes.

— Bien.

Pas commode, celle-là non plus. Je la connais peu. Sabrina est arrivée en cours d'année. Je n'ai pas tout compris. Elle vivait avec Papa avant, ailleurs en France. Puis Maman l'a récupérée, l'a emmenée à l'étranger. Pas d'école là-bas, un précepteur. Sabrina avait des cours intensifs de gym, elle n'avait « pas le temps » d'aller à l'école. Les voilà de retour en France, dans notre école.

J'entame donc mon discours. Tout va bien, Sabrina s'est très vite acclimatée à la classe, à l'école, elle apprend vite, elle participe, elle est agréable, le travail à la maison est régulier. Bref : parfait, on continue comme ça.

— Oui, oui, oui. Bon, d'accord, et alors ?

— Pardon ?

— Et alors, vous allez faire quoi avec Sabrina ?

— Faire quoi ? Je ne comprends pas votre question, pardon...

— Bon, écoutez, moi, le système scolaire, je suis contre. Tout le monde sait bien que le programme d'une année scolaire, on peut le faire à la maison en un mois. Si ça dure si longtemps, c'est juste pour justifier le salaire des profs et pour les faire bosser au moins quelques mois dans l'année. Le reste, moi, on ne me la fait pas.

— Écoutez, l'école, ça sert aussi à apprendre à vivre avec les autres, à devenir un citoyen, à trouver sa place dans un groupe...

Et puis j'arrête. J'ai un mur en face de moi, ce n'est pas la peine de m'égosiller, d'argumenter, d'expliquer. Je lui tends le bulletin pour qu'elle le signe. Plus tôt elle sera partie, mieux je me porterai.

— Bon, très très bien, tout ça. Parfait, votre discours de syndicaliste, mais dites-moi, on peut sauter des classes, non, à l'école ?

— Oui, bien sûr, ça arrive.

— Bon, ben moi, je veux que Sabrina elle saute une classe. Là, c'est trop long. Il faut qu'elle aille en sport-études gym. Il n'y en a pas avant la sixième, et je vais pas la faire attendre trois ans. Alors vous la mettez au CM1, là, comme ça, ça ira plus vite.

— Non.

— Comment ça, non ?

— Non, je ne ferai pas sauter une classe à Sabrina. Un enfant qui saute une classe, ce n'est pas simplement un enfant qui a un bon bulletin. C'est plus complexe que ça. Il faut que l'enseignant estime que l'élève s'ennuie, qu'il a déjà acquis tout ce qu'il faut acquérir à ce niveau. Et puis il faut une maturité que votre fille n'a pas.

— Ma fille est extrêmement mûre !

— C'est vous qui le dites. Je ne suis pas d'accord. Et puis je vous le redis : c'est non, je ne ferai pas sauter une classe à Sabrina. Libre à vous de le demander directement à l'inspectrice, mais moi, en tant qu'enseignante, je m'y opposerai.

Pas contente, la pas-commode. Elle signe, tente un « Mais… ? ». Je lui montre le couloir, la file d'attente. Elle s'en va.

En quittant ma classe, une heure plus tard, je vois de la lumière dans celle de Laurence. J'entre. Déborah corrige des copies. Elle n'a pas à recevoir les parents, Laurence s'en chargera à son retour.

Je m'installe près d'elle. C'est la première fois que nous discutons vraiment ensemble. Elle me dit que c'est dur, qu'elle a l'impression qu'elle n'y arrivera pas. Je la rassure, lui dis que je vais l'aider. Je connais très bien la façon de travailler de Laurence, ce qui est prévu et à quel moment ; on prépare nos classes ensemble, chaque année, en juillet. Ça va aller. Je lui dis de laisser sa porte ouverte, tout le temps, et de venir me chercher dès qu'elle en a besoin.

Elle ne le fera pas.

Je viendrai l'ouvrir, tous les jours.

20

LA PLAINTE A ÉTÉ CLASSÉE. Sans suite. L'inspection a rangé le courrier. Elle n'a même pas convoqué Laurence. L'histoire est terminée. Tarik a, certes, un problème aux testicules, mais rien ne prouve que ce soit à cause de ce coup de pied.

L'histoire est terminée. Sur le papier, du moins. Pour Laurence, elle existe encore. Un mauvais goût dans la bouche, un sentiment d'injustice, qui perdure, malgré tout.

Elle m'a ouvert sa porte mercredi. Deux mois qu'on ne s'était pas vues. Elle n'est pas très démonstrative, Laurence. Les bisous, les câlins, tout ça, très peu pour elle. Pourtant, quand je lui tends mes bras, elle les accepte et pose sa tête sur mon épaule.

Nous n'avons pas parlé, au début. Dans sa petite cuisine, on a regardé notre thé, et c'est tout. Ensuite, elle m'a demandé des nouvelles des élèves, a voulu que je lui raconte les dernières d'Habib, que je lui dise si Erkhan tenait sa langue, si Farid et Gladys étaient toujours amoureux, si la mère Truc couchait toujours avec le père Chose. On s'est souvenues, on a ri. Je lui ai parlé de Déborah, lui ai dit qu'elle était gentille, qu'elle galérait, mais qu'on l'aidait. Et puis je lui ai demandé si elle allait revenir.

— Je ne sais pas.

— C'est terminé, maintenant, non ?

— Oui.

— Alors reviens ! On a besoin de toi, tu sais.

Elle ne dit plus rien, regarde sa tasse, vide, me sourit. Encore un peu de temps, sans doute. Je la comprends. Je n'aurais jamais imaginé qu'elle flanche, mais elle en a le droit.

Le conseil d'école aura donc lieu sans Laurence, la semaine prochaine. La grand-messe. La réunion avec les parents d'élèves délégués, tous les enseignants, un responsable de la mairie, la directrice du temps périscolaire. Bref, tous les acteurs de l'école. Trois réunions par an pour évoquer tous les sujets, faire des bilans, présenter les projets, soulever les problèmes et essayer ensemble de les résoudre.

En l'absence de Laurence, c'est Nathalie qui assure la direction. C'est donc elle qui présidera le conseil.

— Je me disais, pour le conseil d'école, ce qui serait bien, ce serait de faire des crêpes, non ?

— Nathalie, pourquoi pas, oui. Mais il faudrait surtout envoyer l'ordre du jour rapidement, demander aux parents délégués de faire remonter leurs questions par écrit.

— Ah ? Et il y a quoi à mettre dans l'ordre du jour ?

— On voit ça ce midi.

Madame Truc et madame Chose sont assises à côté. Si on ne savait pas que l'une couchait avec le mari de l'autre, on aurait presque l'impression qu'elles sont copines. Il y a aussi madame Bidule, toujours quelque chose à objecter, jamais d'accord. Charles, Caroline, Jacqueline qui regarde déjà sa montre, Déborah, Bénédicte, Martine, et madame J'ai-de-Grosses-Lunettes-et-On-ne-voit-plus-Mon-Visage, conseillère municipale de son état. Elle est venue avec sa fille de deux ans, elle n'avait personne pour la garder.

La gamine ne tient pas en place et parle assez fort. Non, en fait, elle crie.

Nathalie s'installe. La réunion peut commencer. Enfin, pas tout de suite. Nathalie se relève, sort de la pièce, et revient avec une crêpière Tefal, un saladier rempli de pâte à crêpes – qu'elle a préparée pendant que ses élèves posaient des divisions – et, bien sûr, un énorme pot de Nutella. Elle pose tout ça sur la table, devant elle, passe une mèche de cheveux derrière son oreille, s'aperçoit que tout le monde la regarde et dit :

— Ah, mais ne m'attendez pas, commencez !

Bénédicte prend la parole : effectifs de la cantine, bilan des activités périscolaires...

J'enchaîne avec le bilan financier de la coopérative.

Caroline présente les nombreux projets qu'elle mène avec sa classe.

La réunion avance.

Pendant ce temps, Nathalie fait des crêpes. Une vraie professionnelle. À la chaîne. Elle les tartine même et, pour chaque crêpe distribuée, elle s'en avale une. Il y en a une qui passe un bon moment. Moi, je compte. Vingt-trois. À la fin du conseil, Nathalie a avalé vingt-trois crêpes au Nutella. Je me dis que le monde est injuste.

On en vient aux questions des parents. Madame Bidule veut savoir pourquoi nous avons dépensé trente-deux euros en « frais divers » en pharmacie. Je lui réponds que nous avons acheté des produits anti-poux pour une élève. Évidemment, elle s'insurge.

— Ce n'est pas à nous de payer les lotions anti-poux des autres ! Déjà qu'ils refilent leurs poux à nos gamins, ça va, non ?

Madame Truc et madame Chose n'en pensent rien : elles sont en train de se montrer leur french manucure. Je me redresse sur ma chaise et essaie d'expliquer à madame Bidule que la coopérative scolaire sert aussi, parfois, à aider certains enfants qui en ont besoin. Elle souffle quand même un « On n'est pas le Secours populaire, non plus » et passe à la question suivante, celle que nous redoutions tous…

— Où est la directrice ? Quand reviendra-t-elle ? Est-ce vrai qu'elle a frappé Tarik ?

Madame Bidule, il faut forcément qu'elle en rajoute.

Charles pose sa main sur mon bras. Il va se charger de répondre. Il sait que je risque de m'énerver.

— La directrice est en arrêt maladie. Je m'excuse, mais personne n'a à connaître la raison de cet arrêt. Elle est remplacée, tout se passe bien, nous n'avons rien à dire de plus là-dessus.

Charles marque une pause. Madame Truc et madame Chose lèvent le nez. Il reprend.

— Aucun enseignant n'a jamais frappé un élève dans cette école, et cela n'arrivera jamais. Nous espérons que vous le croyez tous, sincèrement, et nous aimerions qu'en tant que parents délégués vous soyez, aussi, nos porte-parole. Nous comptons sur vous pour rétablir le climat de confiance qui a toujours régné ici entre nous tous.

À mon tour de poser ma main sur le bras de Charles. Et de faire un signe à Nathalie pour qu'elle lui apporte une crêpe au Nutella, il l'a méritée.

Jacqueline regarde sa montre. La réunion a commencé il y a exactement une heure et demie. Elle n'a pas soufflé mot, n'a pas donné une seule fois son avis. Elle plie ses affaires et s'en va. Il est écrit dans les textes officiels que les enseignants « doivent » une heure et demie de réunion par trimestre pour le conseil d'école. Elle a fait ses heures.

21

À 8 H 35, LE LENDEMAIN, quand la cloche sonne, à la seconde près, Jacqueline ouvre la porte de sa grotte. Personne ne l'a vue arriver, personne ne la verra partir. Elle doit connaître des couloirs cachés, un souterrain peut-être, qui lui permet de passer de sa voiture à sa classe sans passer par le portail – pour ne pas croiser les parents –, sans passer par la salle des maîtres – pour ne pas croiser les collègues.

À 11 h 45, puis à 17 heures, Jacqueline raccompagne ses élèves jusqu'au portail, mais reste toujours un petit peu en retrait, le plus loin possible des parents. Impossible pour une maman de l'interpeller, de lui poser une question. Avec Jacqueline, quand Papa ou Maman a quelque chose à dire, ou simplement à demander, il doit « prendre un rendez-vous par l'intermédiaire du carnet de liaison ».

Une fois tous les enfants de sa classe sortis, Jacqueline disparaît de nouveau, comme une ombre.

Le mystère Jacqueline.

Cela fait quatre ans que je travaille ici, quatre ans qu'avec les autres on essaie de le percer. Jacqueline travaille dans cette école depuis vingt ans. Elle ne s'y est jamais fait aucun ami. D'ailleurs, elle n'en a pas, des amis ; pas à notre connaissance, en tout cas. Quand la direction a changé, il y a cinq ans, quand Laurence est arrivée, qu'elle a commencé à mettre son nez dans les affaires secrètes de Jacqueline, on aurait pu penser qu'elle voudrait partir. Mais non, elle reste. Et pour rien au monde elle ne demanderait à changer.

Le silence de la grotte voisine de ma classe... Le jour et la nuit. Non : la nuit et le jour. De la grotte, on n'entend jamais un bruit, jamais un mot plus haut que l'autre. Pas de bruit de chaises, pas une voix d'enfant. Rien. Quand un adulte entre, tous les élèves posent leurs crayons, croisent les bras sur la table et y posent leur tête. Incroyable ! Elle les dresse ? Elle les drogue ?

Quand c'est l'heure de la récréation, mes élèves sortent dans le couloir et ne se rangent jamais correctement, jamais. J'ai beau expliquer, crier, punir. Ils n'ont pas envie. Ce n'est jamais un rang, toujours un troupeau. Juste devant nous, dans le même couloir, les élèves de Jacqueline se tiennent la main deux par deux, dans un silence étourdissant. On dirait qu'ils ne respirent même pas.

Jacqueline, quand elle parle d'elle aux enfants, elle dit « Maîtresse ». Dans la cour, si Thibault fait une connerie, elle lève son index, s'approche tout doucement et lui dit :

— Maîtresse n'est pas contente ! Tu as fait une grosse bêtise.

Au début de l'année, quand Farid est arrivé dans la classe de Jacqueline, il y a eu comme une sorte d'incompatibilité entre eux. Il faut dire que Farid, c'est du costaud. Crises de nerfs, crises de pleurs, tables soulevées et insultes en tous genres, pour les adultes comme pour les camarades. Tous les jours, ou presque. Le silence de la grotte, il n'a pas supporté longtemps.

Ce n'est pas pour autant que Jacqueline a levé la voix. Jamais. Chaque jour, la porte de la caverne s'ouvrait, Farid sortait, ses cahiers sous le bras, et toquait deux portes plus loin, chez Laurence. Il y passait une matinée, puis une journée. Laurence acceptait (au début). C'est vrai, quoi : entre collègues, on se dépanne. Mais les crises de Farid, au bout d'un moment, ça épuise.

Une fois, il est arrivé dans la classe de Laurence et a dit :

— Maîtresse m'a dit que je resterai ici deux semaines entières.

Très calmement, Laurence a répondu :

— Tu dis à Maîtresse que tu es son élève, et que c'est dans sa classe à elle que tu dois passer les deux prochaines semaines. Comme toutes les semaines qui restent jusqu'à la fin de l'année, d'ailleurs.

Farid est reparti dans la grotte.

Deux jours plus tard, la maman de Farid sonnait au portail. Un jeudi, le jour de décharge de Laurence.

— Bonjour, nous avons rendez-vous à 11 heures.

— Vous avez rendez-vous avec la maîtresse de Farid ?

— Non, avec vous. C'est ce qu'a écrit la maîtresse sur le carnet de liaison.

Jacqueline, elle est comme ça !

Elle ne rencontre pas les parents (rarement). Elle les envoie chez la directrice (tout le temps). Laurence a reçu la mère de Farid, n'a pas vraiment su quoi lui répondre quand elle a entendu parler de « cœur » et de « nuage », d'incompatibilité, de « méthodes à l'ancienne ». Elle a expliqué qu'elle n'était pas la supérieure de Jacqueline, qu'elle n'avait pas le droit d'interférer sur ses méthodes de travail, qu'elle ne pouvait pas non plus lui parler de la scolarité de son fils, que ce n'était pas elle, la maîtresse.

Les « cœurs » et les « nuages », donc… Ce n'était pas la première fois qu'on en entendait parler. Il fallait qu'on en sache plus.

Pendant une pause-déjeuner, Charles, Laurence et moi, nous nous sommes équipés de nos lampes frontales. Nous avons demandé à Nathalie de faire le guet, et nous sommes partis en expédition dans la grotte. Jacqueline rentre manger chez elle tous les jours. On a donc ouvert la porte, et on a regardé, fouiné, cherché le secret. Pas de *tableau blanc interactif* (Jacqueline l'a refusé, elle ne jure que par son tableau noir et ses craies qui crissent). Sur les murs : rien. Pas une seule affiche pour rappeler les règles de ponctuation ou les lettres de l'alphabet. Juste une sorte de banderole : « En classe, je dois être très sage. Je m'assois sans faire de bruit. Je lève le doigt si je veux parler et, surtout, j'écoute Maîtresse. » Le tout dans un grand cœur rose, au-dessus du tableau, noir.

Sur le bureau, une pile de cahiers, et deux ardoises posées à la verticale. On les tient ! Le nuage et le cœur. Chacun sur une ardoise différente. Ils disaient donc vrai, les enfants. Ce n'était pas très clair quand ils expliquaient, mais en les voyant, là, on a compris.

Sur l'une des ardoises, un nuage est dessiné à la craie marron. À l'intérieur du nuage, il y a deux prénoms inscrits, dont celui de Farid. Sur l'autre ardoise, Jacqueline a dessiné un cœur rose, et un seul prénom est écrit.

Elle a de la chance, celle qui a son prénom là, dans le cœur. Beaucoup de chance. Ce soir, avant que la cloche sonne, Jacqueline lui donnera un cadeau. Oui, un cadeau ! Jacqueline distribue des stylos, des porte-clés, des images aux enfants sages.

En revanche, les deux autres, ceux qui sont dans le nuage, ils vont rentrer chafouins de l'école, très chafouins. Parce qu'en fin de journée, elle va les faire venir devant le tableau, et ils vont devoir présenter des excuses à la classe pour leur comportement.

Ça fonctionne comme ça, dans la grotte de Jacqueline.

On a cherché le placard à cadeaux. Laurence voulait en prendre un. Elle avait été très sage ce jour-là, vraiment très sage. On a trouvé le placard. Mais il était fermé, à clé.

22

J'EN AI LES LARMES AUX YEUX, tellement je ris. Fouad rit aussi, la main devant la bouche, mais il rit. Et les autres, je vous laisse imaginer. La maîtresse pleure de rire : pas sûr qu'ils aient déjà vu ça, une maîtresse qui pleure de rire ! C'est bien, vraiment. C'est bien parce que mes larmes me font presque oublier celles de Fouad, ce matin dans le bureau de Laurence, et celles qui ont continué de couler une bonne partie de la matinée.

J'avais demandé à Fouad de faire venir son papa, parce qu'il fallait que je lui parle. Enfin, que j'essaie. Il fallait que je lui demande s'il serait d'accord pour que son fils voie Martine, la psychologue scolaire. C'est urgent. L'inspection est au courant. L'interprète syrien se tient prêt. Fouad a besoin d'aide, là, tout de suite. Il en parle trop, il revit trop de moments, a trop d'images et de bruits dans la tête.

— Syrie, boum boum, dit-il toujours, les gestes avec.

Les avions, les rafales.

Homs, sa ville de naissance.

« Walou », plus rien.

Il veut en parler, il me fait comprendre qu'il voudrait que je montre des photos aux autres. Je lui ai donné la parole la semaine dernière, deux jours après son arrivée dans ma classe. Farida, une auxiliaire de vie scolaire de l'école, a traduit – enfin, elle a traduit ce que les enfants pouvaient entendre. Son école détruite quand il avait quatre ans. Bachar el Assad, ce président à cause duquel il a fui ce pays qu'il aimait tant. Et puis son cousin, tué, son grand-père, blessé. Les détails avaient l'air sordides, à en croire les gestes qu'il faisait en parlant. Farida ne les a pas traduits.

Papa a dit oui. Il a mis un peu de temps à comprendre, mais il a dit oui. Il a commencé par engueuler Fouad parce qu'il avait parlé de la guerre. La maman de Mokhtar traduisait. Fouad pleurait, il pensait qu'il avait fait une bêtise, qu'il allait être puni.

Non, Fouad, c'est pas ça, on veut t'aider.

Papa lui a attrapé le visage, l'a regardé dans les yeux et lui a dit :

— La Syrie, c'est fini. Il faut que tu oublies, fini !

Alors Fouad a pleuré encore.

Je l'ai pris contre moi, je lui ai parlé, en français. Il n'a sans doute pas compris mes mots, mais il a compris mon regard, a dit au revoir à son père et est monté en classe en séchant ses larmes.

Maintenant, on rit. On rit parce que je montre des images à Fouad, et je lui demande d'essayer de lire les mots français. Il y arrive et les répète plusieurs fois, plutôt bien. Et il me demande de jouer, moi aussi. Il me dit comment se disent ces mêmes mots dans sa langue, en arabe. Mais moi, quand je répète, apparemment, je ne suis pas très douée. Alors il se moque, gentiment. J'essaie encore, il continue de rire.

Fouad a onze ans. L'Éducation nationale sait, parfois, faire preuve de souplesse. Un enfant qui arrive de l'étranger n'est pas forcément scolarisé dans la classe des enfants de son âge. On évalue son niveau, et on le place là où il sera le mieux. C'est comme ça qu'il se retrouve avec moi, en CE2.

Il connaît notre alphabet, sait même écrire les lettres. Je me demande bien où il a appris. Peut-être dans l'un des camps dans lesquels il a séjourné, avant d'arriver ici. Il parvient à lire les sons simples. Il est capable de lire des mots, beaucoup de mots. Sans y mettre de sens, mais c'est déjà énorme. Pour les calculs, c'est plus difficile, mais il a tellement envie qu'il apprendra vite.

Fouad me sollicite toutes les trois minutes ; il me voudrait là, à côté de lui, tout le temps. Comme les autres, finalement. Il se vexe un peu quand je ne l'envoie pas au tableau résoudre une multiplication. Il voudrait conjuguer aussi, accorder au pluriel et au féminin. Si j'écris quelque chose pour les autres, il prend vite son petit cahier et copie. Et puis il m'appelle : « Maîtresse, Maîtresse, viens ! », et me montre, fier. Il en veut encore, toujours.

Monica, l'enseignante spécialisée, le prend avec elle le plus souvent possible. Elle a compris sa soif d'apprendre, son envie de rattraper le temps.

Par moments, Fouad se referme. Il est absent. Ne bouge plus sans arrêt sur sa chaise. Il est assis et regarde le mur, bleu. Ça peut durer quinze, vingt minutes. Je m'approche, je pose ma main sur son épaule.

— Ça va, Fouad ?

— Ah ! Oui, ça va, merci, ça va.

Après notre fou rire, Fouad est retourné s'asseoir à la table qu'il partage avec Antoine et Goran. Goran aussi est nouveau. Un autre pays, un autre voyage. L'Albanie. Ils s'aiment bien, déjà, Fouad et Goran. Je les ai vus se dire des trucs à l'oreille. Dans quelle langue ? Je ne sais pas, mais ils se sont compris.

Fouad arrive. Il montre les images à Goran et lui fait répéter les mots en Français. « Table »,

« chaise », « porte » et « voiture ». Goran répète plusieurs fois. Je m'installe avec eux. Je demande à Goran de traduire lui aussi ces mots, en albanais. J'essaie de répéter. Je me débrouille mieux dans cette langue-là, on dirait !

— Voiture, Goran, voiture, en albanais ?

Goran me regarde. Il sourit malicieusement.

— Voiture, albanais ?

— Oui ?

— Mercedes !

Il éclate de rire. Fouad aussi.

23

Dans la classe de Charles, il y a la petite sœur de Fouad. Beaucoup moins vive, beaucoup plus discrète, mais qui a autant envie. Elle est un peu perdue dans cette classe, me souffle Charles devant son riz au lait. Il faut dire que la classe de Charles, c'est tout un poème. Mais un poème moderne, alors, un peu bruyant, en mouvement permanent, avec toujours une rime en pipi, si possible.

Élève de CP : individu pas vraiment grand, pas vraiment petit, avec toujours au moins un doigt dans le nez, l'autre près de la braguette. L'élève de CP a toujours envie d'aller aux toilettes, ne sait pas se retenir de péter et n'a pas encore compris à quoi servait une chaise.

Dix ans qu'il enseigne au CP, Charles. Je l'admire. À chaque fois que j'entre dans sa classe, je me dis qu'il est sacrément méritant.

Même si l'on essaie de faire abstraction du bruit et de l'odeur, ils sont tellement petits, tellement nombreux, tellement… CP.

Et puis, surtout, quelle responsabilité ! Il faut leur apprendre à lire, à écrire, à compter. C'est tout ? Non, avant ça, il faut leur apprendre à ouvrir un cahier, à tourner une page, à tenir un crayon, à y remettre le bouchon, à souligner avec une règle, à jeter un papier dans une poubelle, à découper sans déchirer, à coller une feuille sans qu'elle dépasse - enfin, le moins possible –, à ouvrir un classeur sans se pincer les doigts, à trouver la bonne page du livre, à colorier sans dépasser.

Bref : il faut avoir de la patience, beaucoup, de l'envie, énormément, du courage, surtout.

— Tu sais qu'on ouvre une nouvelle classe de CP à la prochaine rentrée ? me dit Charles en avalant une nouvelle cuillère de riz au lait.

Je dois préciser, là, tout de suite, que j'abhorre le riz au lait. Juste d'en voir, j'ai la nausée. Il faudra que je lui dise, un jour, à Charles.

— Un CP à douze élèves, c'est ça ?

— Oui, leur fameuse réforme. Le CP « 100 % de réussite ». (Charles est ironique, c'est rare.)

— C'est une bonne chose, non, douze élèves ? Ça va t'alléger la tâche, tu pourras avancer plus vite.

— Tu viens avec moi ? Tu prends l'autre CP ?

Je pose mon kebab, je mastique, je le regarde. Moi ? En CP ? Les doigts dans le nez, les feuilles mal collées, les « Maîtresseuh, j'ai pipi euh » ? Jamais de la vie ! Il me connaît mal, Charles, on dirait.

— Réfléchis-y. Vraiment. On pourrait monter un projet ensemble, s'échanger les élèves, faire des groupes de besoin, des ateliers de jeux mathématiques, de lecture. On est en mars, tu as encore un peu de temps pour y penser. En tout cas, moi, ça me dit bien de bosser avec toi…

L'idée est belle, sur le papier. L'envie est là, sûrement. Mais le courage, la patience ?

24

LA CHAISE D'ARNAUD est vide. Son cartable est encore accroché au dossier, et sa trousse posée sur la table. Hier, après la pause-déjeuner, il n'est pas revenu. Ce matin, il n'est toujours pas là. Je peste. Avec Arnaud, c'est tout le temps comme ça. Un jour oui, un jour non. Un matin oui, le lendemain non.

Pas comme Mathis. Mathis, ce sont des semaines entières d'absence. Avec Arnaud, au moins, les mots d'excuse sont toujours remplis, signés. Mais Arnaud, il a besoin d'être là tous les jours, d'entendre, de comprendre et d'avancer. Je décide d'appeler sa mère.

— Bonjour, Madame. Je voulais savoir où était Arnaud ?

— À la maison, avec moi. Il a le nez qui coule, alors bon…

— Le nez qui coule ? Ce n'est pas très grave. Ils ont tous le nez qui coule, vous savez.

— Oui, mais bon, quand même. Et puis tant pis s'il rate l'école, il reviendra lundi.

— Si, ça commence à poser problème. Il est très absent, c'est compliqué pour lui de rattraper ses retards. C'est compliqué pour moi de prendre du temps pour lui réexpliquer.

— Vous allez me faire des histoires, c'est ça, un signalement ?

— C'est possible, oui, que je signale ses absences. C'est mon travail aussi.

— Bon, bon, d'accord. Je peux l'emmener là, maintenant ?

— Oui.

— Ça va, j'arrive.

Elle arrive. Et on l'entend arriver. La petite sur la hanche, des pas lourds dans le couloir. Elle jette littéralement son fils dans la classe.

— C'est lui qui dit que c'est pas la peine qu'il vienne, c'est pas moi !

Je dis à Arnaud de s'installer, je ferme la porte de la classe, et reste dans le couloir avec elle.

— Ce n'est pas à lui de décider. Vous êtes sa mère, c'est vous l'adulte.

— Oui, mais c'est lui, Madame. C'est lui qui dit que ça sert à rien.

Elle s'énerve, je le vois, je le sens. La petite se met à pleurer. Je m'apprête à la remercier, à lui montrer le chemin du retour, quand elle s'approche de la porte, l'ouvre bruyamment, interpelle son fils.

— Arnaud, dis-lui, toi, à la maîtresse, dis-lui qu'on n'est pas comme ça, nous, qu'on n'est pas comme eux, là.

Elle montre les autres enfants de la classe. Je n'ai pas le temps de l'interrompre.

— On est des Français, nous, Madame. Des Français !

Je la pousse vers la sortie, je ferme la porte. Arnaud regarde ses pieds. Les autres le regardent lui. J'inspire fort, très fort. J'expire. Je jette un œil dans le couloir. Elle est partie.

Je décide de ne pas en parler avec la classe. Je n'aurais pas les bons mots, là, tout de suite. Trop énervée. Outrée. Choquée. On passe à la grammaire.

Au moment de la pause-déjeuner, je regarde le dossier d'Arnaud. La famille est suivie par une éducatrice. Il n'y a rien dans la case « Père » sur la fiche de renseignements.

Maman élève seule ses deux enfants. Papa passe par là, de temps en temps, mais juste quand les enfants ne sont pas là. Il a une autre famille, ailleurs. Il laisse un chèque, parfois des cadeaux, mais c'est surtout Maman qu'il vient voir. C'est Laurence qui me raconte tout ça au téléphone. Elle connaît toutes les familles, Laurence, toutes leurs histoires. Et, depuis quelques jours, elle nous appelle régulièrement, nous donne un coup de main de chez elle, comme aujourd'hui.

J'appelle l'éducatrice. Il faut qu'on se voie, avec la maman, qu'on fasse le point, qu'Arnaud soit plus assidu. Rendez-vous est pris.

Encore le même pas lourd dans le couloir. Encore la petite sur la hanche. Elle est maquillée, cette fois, elle me sourit, même. Deux semaines se sont écoulées. Elle a peut-être oublié. Elle essaie, aussi, c'est certain, de faire bonne figure devant l'éducatrice.

Effectivement, ce n'est pas la même femme qui est assise, là, dans ma classe. Elle est souriante, elle s'intéresse aux résultats de son fils, promet qu'il ne sera plus absent, qu'elle a bien compris que c'était important pour lui. L'éducatrice note, me sourit, pas dupe. Moi non plus.

— Avant que vous ne partiez, je voulais revenir sur ce que vous avez dit aux autres enfants de la classe, l'autre jour.

— Qu'est-ce que j'ai dit ? Je n'ai rien dit !

— Si, vous avez tenu des propos racistes, intolérables dans une école. Je ne vous ai rien dit sur le moment, parce que les enfants étaient là, mais je ne peux pas accepter ça, je ne peux même pas le comprendre.

La suite a duré une fraction de seconde. Elle s'est levée, a fait tomber sa chaise, a attrapé sa fille et a hurlé : « Menteuse ! Menteuse ! C'est une menteuse ! », en dévalant les escaliers et les couloirs de l'école. Arnaud essayait de la suivre.

L'éducatrice et moi, on est restées là. Scotchées. Elle a levé les yeux au ciel, m'a dit qu'elle me croyait, qu'elle la savait tout à fait capable de tenir ce genre de propos, que j'avais bien fait d'en parler devant elle. Elle a rangé ses affaires, calmement, et elle est partie. Chez Arnaud, pour essayer de calmer sa mère, de faire le point.

À compter de ce jour, Arnaud est venu tous les jours à l'école. Matin et après-midi, sans exception. Quand il était vraiment malade, elle appelait et ramenait un certificat médical. J'avais gagné.

25

MAIS ON NE GAGNE PAS à tous les coups. Loin de là. Souvent, même, on se ramasse complètement. On essaie, c'est l'essentiel, finalement. Il faut juste savoir se le dire, et y croire.

Le printemps est là. Les déménagements s'enchaînent. Il doit y avoir quelque chose, au mois d'avril. Des réductions sur les cartons, des places qui se libèrent dans les HLM, je n'en sais rien, mais, chaque année, les effectifs se bousculent. Dans ma classe, il y a déjà eu trois départs en une semaine – et autant d'arrivées.

Adriano. J'ai nommé le mollusque. Affalé sur sa table, une grimace pour chaque expression, le jogging toujours trop bas (vue admirable, surtout de l'arrière), et une flemme comme j'en ai rarement connu.

Isabelle. J'ai nommé la plante verte. Toujours bien droite sur sa chaise, toujours en retard, jamais connectée (elle cherche encore la bonne fréquence). Quand on est passés aux mathématiques, elle n'a pas encore ouvert le cahier de français pour la séance précédente.

Et Timéo. L'hyperactif. Petit, sec, nerveux. Ne tient pas plus de trois secondes sur sa chaise. (Je me dis qu'il va falloir que Charles m'explique le coup du chronomètre.) Pas organisé, brouillon, pressé, survolté. Lecture hésitante. Calculs fragiles, très fragiles. En deux jours, il s'est fait un très bon copain : Habib. C'est un complot.

Pendant ma pause-déjeuner, je prends le téléphone et appelle les trois écoles d'origine de mes nouveaux. Rien de très différent de mon ressenti pour les deux premiers. Pour le troisième, on peut dire que je suis tombée sur le mauvais chocolat, celui qui est resté tout au fond de la boîte et dont personne ne veut. Il vient d'un autre département.

— Timéo ? Il est là, il est chez vous ?

— Euh, oui, pourquoi ?

— La mère est partie du jour au lendemain, ses enfants sous le bras. Elle ne nous a même pas demandé de certificat de radiation[1].

— Et vous savez pourquoi ?

— Bien sûr que je sais pourquoi ! On venait de faire un signalement pour mauvais traitements.

---

1. Document officiel qui permet à un enfant changeant d'école d'être inscrit dans un nouvel établissement.

L'aide sociale à l'enfance n'a même pas eu le temps d'intervenir.

— Quels genres de mauvais traitements ?

— De tout, mais des griffures, surtout. Soyez vigilants…

Je raccroche. Je n'ai plus faim. Charles est sorti manger avec Patricia. Nathalie est chez ses parents, Caroline au sport. Déborah corrige des copies dans sa classe. J'essaie d'appeler Laurence, elle ne répond pas.

Les jours passent. Timéo a l'air d'aller bien. Speed, toujours, mais en forme, en apparence. Dans la classe d'à côté, son frère non plus ne se plaint pas. Au portail, Maman est souriante, polie, me demande si tout va bien, s'il a pris ses marques. J'essaie de lui sourire en retour, mais je n'y arrive pas.

C'est un mardi. Il est 13 h 50. Timéo et son frère reviennent du déjeuner. Ils ne sont pas inscrits à la cantine. Maman vient les chercher et les fait manger à la maison. Papa, il n'y en a pas. Enfin, il n'est pas là. Je les observe jouer dans la cour. Timéo est calme, trop calme. Je m'approche un peu de lui. Il lève la tête.

Il y en a deux, elles font environ dix centimètres chacune, parallèles, sur la joue droite. Les miennes de joues s'empourprent. J'ai chaud.

Je me souviens de ce que m'a dit Laurence un jour. Nous n'avons pas le droit de poser de questions, il faut une déclaration spontanée. Poser des questions risque d'induire une réponse, d'orienter le témoignage de l'enfant, et de compromettre toutes les chances qu'un signalement aboutisse. Je ne peux pas attendre que Timéo se confie à moi, il ne me connaît pas assez, il n'en fera rien.

J'appelle son frère et lui demande d'approcher.

— Qu'est-ce qu'il a, Timéo, sur la joue ? Il n'avait pas ça ce matin ?

Le garçon réfléchit. Trop longtemps.

— Le chat. C'est le chat qui l'a griffé.

On monte en classe. Dans le couloir, j'interpelle Timéo.

— Dis donc, Timéo, ton chat, il ne t'a pas loupé ! Il faut faire attention…

— Quel chat, Maîtresse ? Je n'ai pas de chat, moi !

À l'instant où il dit cela, je vois dans ses yeux qu'il le regrette. Il passe sa main sur sa joue. Comprend ce que mon regard lui dit, et baisse la tête. Je lui fais signe de rester là, dans le couloir, et fais entrer les autres.

— Ne dis rien à Maman ! Non, ne lui dis pas que je te l'ai dit !

— Que tu m'as dit quoi, Timéo ?

— ... Que Maman, elle m'a griffé encore. Elle était juste un peu énervée, c'est pas grave, Maîtresse, c'est pas grave.

— Si, c'est grave, Timéo. Maman, elle n'a pas le droit de te faire ça. Moi, je n'ai pas le droit de ne pas le dire. Il faut me faire confiance, ça va aller, ça va s'arrêter.

Le pire, finalement, ce n'est pas l'échec. C'est l'espoir que met l'enfant en vous à ce moment-là. Cet espoir que l'on n'a pas réussi à faire vivre. Cette promesse qu'on lui a faite, et qu'on n'a pas tenue. Ça reste, ça marque, et ça bouffe, à l'intérieur.

J'ai signalé. J'ai rapporté avec précision les propos de Timéo. Pas de sentiments, pas de déductions. Faits et propos.

Ensuite, la procédure est limpide : faire venir le médecin scolaire pour qu'il constate les traces, les coups. En présence de l'un des parents. Il a donc fallu que j'appelle Maman pour qu'elle vienne, le lendemain, assister à l'auscultation au cours de laquelle nous prouverions qu'elle maltraitait son enfant.

Elle est venue. Elle avait pris soin de se couper les ongles, très court. C'est la première chose que j'ai remarquée. Le médecin n'a pas constaté d'autres griffures ailleurs. Il a mesuré celles de la joue, a fait un rapport. Maman l'a signé.

Et Timéo a disparu. Envolé. Déménagé. Encore. À cause de moi peut-être. Sûrement.

26

CHARLES ATTEND TOUJOURS que je lui donne ma réponse concernant la rentrée prochaine – CP ou pas CP ? Je ne l'ai pas fait, il n'ose pas m'en reparler. Alors il boude, un peu. Il se dit qu'en fait je les connais mal, ses petits CP, et qu'il faudrait peut-être que je m'y frotte pour pouvoir me décider. Il propose donc que nos deux classes prennent un bus commun pour aller au grand parc de la ville faire de la course d'orientation.

Course d'orientation : activité sportive scolaire qui consiste à larguer des groupes d'enfants dans un parc en leur demandant de chercher quelque chose qui n'y est pas.

J'accepte.

Voilà donc le bus rempli de vingt-cinq CP et de mes vingt-trois adorables CE2.

L'après-midi est ensoleillé, j'ai pris mes lunettes, et même un peu de crème solaire pour le nez – on ne sait jamais, m'a dit Nathalie ce midi, en me prêtant un tube qu'elle a toujours sur elle, au cas où.

1 – Faire asseoir tout ce beau monde dans un endroit central du parc, pour écouter les consignes. Ne pas crier, ils sont petits. Ne pas s'agacer s'il y en a déjà deux qui demandent où sont les toilettes. Et ne pas abandonner quand Habib fait une démonstration de danse africaine pour impressionner Sabrina, qui n'en a strictement rien à faire.

2 – Composer des groupes. Mélanger des CP avec des CE2. Des faciles avec des moins faciles. Des dégourdis avec des moins dégourdis. Des rapides avec des mollusques (j'en ai quelques-uns, c'est parfait).

3 – Distribuer les photos prises un peu partout dans le parc, que les enfants vont devoir localiser.

Charles me coupe la parole :

— Vous allez devoir les trouver, c'est ça que veut dire la maîtresse.

— Mais, elles sont là, dans ta main, Maître !

— Oui, c'est vrai. Mais ces photos, elles ont été prises quelque part dans le parc, il va falloir trouver où.

Il reste calme. Jamais, jamais je n'y arriverai.

— Mais, Maître, c'est toi qui les as prises dans le sac, je t'ai vu !

Là, j'ai vu un des sourcils de Charles bouger. Il est possible, finalement, que des fois il s'agace un peu, quand même. Moi, de mon côté, j'hésite encore entre rire et pleurer.

4 – Donner le coup de sifflet du départ. Voir que la moitié ne part pas et nous attend. Leur réexpliquer qu'on ne vient pas avec eux, qu'ils vont devoir se débrouiller tout seuls, dans le parc. « J'ai peur, Maître, viens avec moi ! » Redonner un coup de sifflet, un peu plus fort.

5 – Les regarder chercher. Se marrer. Profiter du soleil, un peu.

6 – Et puis les faire revenir. Les faire se rasseoir, et les faire parler.

— Eh ben moi, eh ben moi, eh ben moi, moi, j'ai vu des aaaaaaarbres !

— Moi, Maître, j'ai trouvé les toilettes. Tout seul !

— Maîtresse, Habib, il cherchait rien, il voulait juste monter sur les toboggans, là-bas !

— Maîtresse, lui, là, Erkhan, eh ben il m'a dit des gros mots !

— Maître, à quelle heure on mange ?...

27

AUJOURD'HUI, on ne m'a pas laissée entrer dans l'école. On m'a même demandé qui j'étais, et ce que je faisais là. J'ai eu beau répondre que j'étais enseignante et que je venais travailler, c'est à peine si l'on m'a crue. On est mercredi. Mercredi, il n'y a pas école, donc les enseignants ne travaillent pas et n'ont absolument aucune raison valable de venir à l'école.

— Préparer votre classe ? Ça veut dire quoi ? me demande le monsieur avec sa cravate et son bloc-notes sous le bras.

— Ça veut dire faire des photocopies, corriger des cahiers, faire de la mise en place, des affichages sur les murs, finir des programmations, repenser certaines progressions, et peaufiner mes plans de travail individuels.

L'homme me regarde. Il y a quelque chose dans son regard qui oscille entre « J'ai rien compris » et « J'en ai rien à foutre ».

— Mais sinon, Monsieur, excusez-moi, mais vous, vous êtes qui ?

— L'architecte, Madame. C'est moi qui ai dessiné les plans de votre école, avant sa rénovation. Je viens m'assurer que tout est en place.

— Enchantée. C'est bien dommage que je n'aie pas beaucoup de temps pour vous parler, parce que j'aurais beaucoup de choses à vous dire. Mais ces choses ne vous feraient pas forcément plaisir, alors, comme vous avez déjà l'air un peu de mauvaise humeur, je vais juste monter dans le petit cagibi que vous nous avez gracieusement construit à la dernière minute, et y faire mes photocopies.

Je le contourne sans un regard et me faufile dans le couloir.

En montant dans ma classe pour aller récupérer les classeurs dont j'ai besoin, je m'arrête devant les porte-manteaux ultra-design et ultra-pas-commodes que l'architecte a fait poser à exactement quarante-cinq centimètres du sol, pensant sans doute qu'en CE2, si on faisait déjà un mètre, c'est que l'on serait bionique. Le temps de me retourner sur les couleurs de la façade (rose fuchsia, violet ultra et vert grenouille), j'ouvre ma classe aux murs bleu clinique, comme me le fait remarquer Laurence à chaque fois qu'elle y entre en disant « Mawie-Théwèse, il y a la 303 qui sonne », avec un accent antillais plutôt bien imité.

Les bras chargés de classeurs, cahiers et autre porte-vues, je pousse la porte de la salle des maîtres, les yeux pétillants à l'idée de retrouver ses grands murs noirs, ma copine la photocopieuse, et son alliée la machine à café dégueu. Entre copines, comme ça, un mercredi, que rêver de mieux ?

Elles sont bien là, toutes les deux. Mais elles ne sont pas seules. Laurence. À sa place sur la chaise en plastique gris de droite, juste après la porte. Des papiers plein la table.

Elle lève la tête et me sourit.

— Ne fais pas cette tête, on dirait que tu as vu la Vierge !

— Y a de ça, oui. Excuse-moi. Qu'est-ce que tu fais là ?

— Bah quoi, je ne fais déjà plus partie de l'équipe ?

— Si, si, dix fois si, mais… Et l'architecte, là, il t'a laissée entrer ?

— Il ne m'a pas vue. Il est vraiment miro, celui-là, parce qu'en théorie on me voit arriver. Allez, assieds-toi, fais-toi un café dégueu, après on parle.

Laurence va mieux. Beaucoup mieux. Elle va reprendre. Pas tout de suite, encore quelques semaines, m'explique-t-elle, mais elle va revenir. Elle est là aujourd'hui pour préparer son retour, se remettre dans le bain, prévoir ses prochaines journées de classe.

Pendant ces longs mois, elle n'a pas compris ce qui lui arrivait. Elle ne pensait pas qu'un jour elle craquerait. Elle se croyait bien plus forte, bien moins sensible. L'affaire Tarik, ce n'est rien, finalement. Mais celle-ci plus les autres, elle a eu besoin de lâcher, de quitter tout ça, quelques mois, pour mieux revenir.

Non, elle ne demande pas sa mutation.

— Jamais de la vie ! La mère de Tarik, elle peut s'accrocher, parce que je ne vais pas partir comme ça, je suis têtue, moi aussi, je vais visser mon gros cul sur la chaise de la directrice, tu vois ? !

Je vois, oui. Et j'aime ça. J'ai l'impression de voir deux énormes blocs de ciment tomber de mes épaules. Mon troisième bras va revenir.

28

JE VIENS DE COMMETTRE une lamentable erreur. J'ai mis trois jours à m'en apercevoir. Trois longues journées de classe à me demander ce que diable il pouvait bien arriver à Mathis. Pourquoi était-il là si tôt ce matin ? Déjà devant la porte de ma classe avant même que ça sonne ? Pourquoi passait-il ses journées à se tordre sur sa chaise, à recoiffer ses beaux cheveux noirs, et à réajuster cette chemise grise-argentée-brillante à col long, dans laquelle je ne l'avais jamais vu jusque-là ?

Samia. J'ai changé la disposition des tables, et j'ai mis Mathis à côté de Samia. Samia, c'est l'égérie de la classe. Je ne sais pas ce qui se passe dans la tête d'un garçon de CE2, mais, chaque année, ils sont tous amoureux d'une seule et même fille. Ça ressemble à de la contagion, ou de la compétition peut-être. Bref, cette année, c'est Samia.

C'est vrai qu'elle est jolie, Samia. Elle a les cheveux très noirs, très longs. Elle est toute petite, toute mince. Et puis, surtout, Samia, elle joue au foot à la récré. C'est la seule fille de l'école qui joue au foot avec les garçons. Elle s'en sort bien sur le terrain, bien mieux que beaucoup de gars. Sans compter qu'elle a aussi de la repartie, et on dirait que ça leur plaît. Les temps changent, ce n'est pas moi qui vais m'en plaindre.

Sauf que, quand tous les garçons d'une classe sont amoureux de la même fille, forcément, ça fait des histoires. Samia est gentille, elle ne veut en blesser aucun, mais elle n'arrive pas à se décider. J'en ai discuté avec elle, l'autre jour dans le bus.

— Maîtresse, je ne sais pas quoi faire, moi. Est-ce qu'il faut que je choisisse ?

— Ah, ça, c'est à toi de voir, mais rien ne t'y oblige, non.

— Mais parce que je m'en fiche, moi. C'est mes copains, on n'a pas besoin d'être amoureux !

Sur le siège juste derrière, il y a Yacine. Il écoute, attentivement. Puis il tente une approche.

— Maîtresse, comment je peux faire pour qu'elle me choisisse, moi ? Je peux lui faire un cadeau, peut-être ?

— Euh, je ne sais pas. Demande-lui. Ça dépend peut-être du cadeau…

— Ah, je sais, ma mère elle a un collier en or avec un cœur, elle ne le met jamais. Je vais aller lui piquer, et je te le donnerai, Samia. D'accord ?

Je les laisse discuter entre eux, préviens Yacine que je ne cautionne pas le vol de bijoux, et je retourne à l'avant du bus.

Dans le harem de Samia, Mathis est sans doute le plus discret. Enfin, il l'était, jusqu'à ce qu'il se retrouve assis à côté d'elle. Paralysé. Déjà qu'il ne foutait pas grand-chose en classe, là, on est carrément au-dessous du niveau de la mer.

Ce matin, je l'ai vu gribouiller un petit bout de papier. Un bout de sa feuille d'exercice de grammaire. Je l'ai vu, mais je l'ai laissé faire. Il faut savoir être un peu mesquin, parfois. J'ai donc attendu qu'il ait fini de gribouiller, et je l'ai observé.

Il a gardé le bout de papier un long moment entre ses mains. Il l'a froissé, défroissé, relu, plusieurs fois, et puis il s'est lancé. Il a donné un coup de coude à sa voisine et lui a fait passer le papier. Je ne sais pas pourquoi, mais c'est à ce moment-là que j'ai compris. J'ai vu Samia déplier le papier, le lire, et se précipiter sur un crayon pour répondre quelque chose.

Là, c'est à moi d'intervenir, et vite. Je me lève de ma chaise, bondis sur la table de Samia et intercepte le papier avant qu'elle ne le rende à Mathis. L'hidalgo change de couleur, ouvre ses yeux en me suppliant littéralement de lui rendre sa missive, de lui dire ce qu'elle a répondu. Samia tousse et reprend son travail, sans sourciller.

« Es-que tu m'émes ? » avait écrit Mathis, d'une belle écriture appliquée – pour une fois.

« NON », avait répondu Samia, en capitales.

Avant la récréation, il est venu me voir, penaud. Il a réajusté le col de sa chemise et m'a demandé de lui dire ce qu'elle avait répondu.

J'ai été lâche, terriblement lâche. Je n'ai pas eu le courage et la franchise de Samia. Je lui ai dit qu'elle n'avait pas eu le temps de répondre. Et j'ai enfoui le papier au fond de mon sac à main.

29

On est en mai, et je panique. Je panique parce qu'il n'est pas terminé, loin de là. Il en manque un bon morceau et, maintenant, c'est sûr, je n'aurai pas le temps de le finir. LE programme.

Si la maman de Sabrina me lisait, elle dirait sûrement que « Ça va, le programme, on le boucle en deux jours à la maison, pas la peine de chouiner ». N'en déplaise à Mme Pas-Commode, je chouine et je stresse. Parce qu'en vrai, le programme, il m'arrive, assez régulièrement, de m'asseoir dessus. Sans scrupules sur le moment. C'est après, au mois de mai, que je m'en veux (un peu).

Alors oui, ils savent poser des multiplications (même Habib, si si !), oui, ils savent conjuguer des verbes au présent, au futur, à l'imparfait, tous. Ils savent même ce qu'est un complément d'objet. Mais ils ne connaissent pas encore le passé composé, n'ont pas encore posé de division euclidienne, et ils sont assez loin de maîtriser la frise chronologique et la date du baptême de Clovis.

Oui mais…

Ils savent ce qu'est la trisomie 21, dans le détail, et ne se traiteront plus jamais de « mongoliens ».

Ils savent ce que veut dire la Journée internationale pour la défense du droit des femmes, et ne diront plus jamais « La Journée des femmes, celle où on offre du rouge à lèvres à maman ».

Ils ont compris (un peu) ce qu'était le terrorisme, et m'ont promis qu'ils n'avaient « même pas peur ».

Ils n'ont pas compris, en revanche, quand je leur ai demandé, un jour, en quoi ils étaient différents les uns des autres.

— Bah, on est pareils, Maîtresse !

— Tous pareils, vraiment ?

— Bah oui !

— Et Valentine, par exemple, est-ce que vous la trouvez différente d'Arnaud ?

— Euh…

— Oui, moi, Maîtresse !

— Je t'écoute, Adriano, mais assieds-toi correctement, s'il te plaît.

— Bah, Valentine, c'est une fille, et Arnaud, c'est un garçon.

Je n'ai pas insisté. C'est eux qui ont raison. Les yeux bleus d'Arnaud ne constituent pas une différence essentielle. La chevelure verticale de Valentine n'est pas si différente. Oui, ils ont raison. Ils sont pareils. Uniques, mais pareils.

Ce week-end, on reçoit des copains à la maison. De bons copains, parisiens, que l'on n'a pas vus depuis longtemps. La conversation dévie assez rapidement sur l'école. Publique ? Pas publique ? Secteur ? Pas secteur ? Éducation prioritaire ? Je parle de moi, forcément, mais surtout d'eux, mes élèves, ces êtres uniques mais pareils. J'évoque mon fils, dans la cour maternelle attenante, heureux, épanoui.

En face, on me répond : « Oui, mais... » On m'explique que tout ça, c'est bien joli, mais que « la vraie vie », c'est autre chose. Que mes enfants, là-dedans, ils vont mal finir. Que c'est mal ce que je fais, que je les « sacrifie sur l'autel de mes principes ». Que, de toute façon, ça va pour les élèves en difficulté, mais que, pour les plus avancés, le réseau d'éducation prioritaire, c'est pas adapté.

J'encaisse. Finalement, je crois que je m'en doutais, mais j'avais voulu oublier. Je savais, et je sais encore ce que les gens imaginent quand ils lisent ces trois lettres, REP, mais moi, je n'imagine plus, je le vis. Alors, bêtement, je me suis persuadée que les autres savaient aussi maintenant, ou alors qu'il suffisait de leur dire.

J'encaisse, mais j'ai mal. Pour moi, pour mes élèves, pour eux, pour nous tous. Alors j'essaie de me défendre, de les défendre. De leur parler d'Amina, pour laquelle je viens de proposer aux parents un saut de classe. Des heures de mathématiques qu'elle va déjà passer dans la classe d'à côté, au CM1, pour répondre à ses besoins. Tiens, je leur parle aussi des plans de travail individualisés que je propose à chacun. Des binômes que je forme et qui ont permis à Habib d'apprendre à poser des multiplications, grâce aux explications, sans doute plus patientes parfois, de Lucie.

Je raconte le « marché des savoirs » que nous avons organisé le mois dernier. « Personne ne sait tout, mais tout le monde sait quelque chose. » Les enfants, sans aucune aide, qui tiennent des stands, dans la cour, pour apprendre eux-mêmes quelque chose à leurs copains : les règles du football, les nombres en albanais, la cuisine portugaise, la construction de Lego.

Ensuite, je me dis que je vais les attendrir en leur parlant de Mathis et Samia, d'Arnaud qui, n'en déplaise à sa mère, en pince pour Valentine, ou de Lucie et Amina, si copines alors que le papa docteur d'Amina n'ira jamais boire un verre avec le papa de Lucie. (Forcément, il est en prison.)

Je parle, je parle encore. Je m'essouffle. Je n'ai convaincu personne. Pas ce soir, en tout cas.

30

Il y en a beaucoup, dans ma classe et dans l'école. Bien plus que ce que l'on imagine vu de l'extérieur, à n'en juger que par les trois petites lettres qui font si peur, REP. C'est une stagiaire qui m'a fait la réflexion, la semaine dernière.

— C'est drôle, ça, il y en a qui se débrouillent vraiment bien !

— En quoi est-ce que c'est *drôle* ?

— Non, mais je veux dire, dans une école comme ça, enfin, tu vois, quoi, je ne pensais pas…

Non, je ne vois pas. Je ne sais pas non plus ce que c'est une « école comme ça ». Et je suis bien triste qu'elle ne « pensait pas », qu'elle était persuadée, en arrivant, que tous les élèves étaient mauvais, méchants, violents, en difficulté, mal élevés, malpolis. Aucun d'entre eux ne l'est, en fait, et ce n'est pas « drôle ». Ce qui l'est, drôle, c'est qu'elle soit repartie surprise. Ce qui est heureux, c'est qu'elle ait changé d'avis.

Amina, Lucie, David, Joseph, Sabrina, et tellement d'autres. Des enfants que l'on écoute lire en fermant les yeux, tant leur lecture est fluide et agréable. Des enfants qui calculent désormais plus vite que leur ombre. Des enfants qui se mettent à rire franchement quand ils comprennent que le sujet de la phrase, en fait, est inversé.

Ils sont nombreux, ils sont heureux et, surtout, ils sont contagieux. Et c'est pour cela qu'il faut qu'ils restent là, avec nous, dans notre petite famille aux trois lettres qui font si peur. C'est pour cela que l'on essaie de les retenir quand leurs parents viennent nous demander un « bulletin complet » pour les inscrire dans l'école d'à côté, juste là, la rue d'après. La grande école, qui va de la maternelle au collège, celle où il y a une jolie croix catholique tout en haut du mur.

Depuis quelques semaines, Amina n'est plus assise à côté de Lucie. Trop de piapia-pia, de je-ne-suis-plus-ta-copine-mais-en-fait-si-mais-en-fait-non, et d'ateliers de coiffure en pleine séance de maths.

Maintenant, Amina est assise à côté de Yacine. Un petit bonhomme vif, bagarreur, blessé par la vie. Pas idiot, loin de là, mais tellement ailleurs tout le temps. Yacine a du mal à déposer ses soucis dans le grand sac que l'on a posé devant l'école le matin. Alors il lui en reste toujours un petit peu, dans un coin de la tête. Papa qui a encore tapé Maman, son grand frère qui lui a mis une rouste à la maison hier soir, et j'en passe. Il n'est pas concentré, Yacine. Il ne peut pas se concentrer. Il y a trop d'autres choses là-dedans. Mais il s'accroche, parce qu'il en est capable, et mieux que ça, même.

Amina, elle, ne s'en fait pas. Elle n'a pas à s'en faire. Sa vie est douce, rose, aimante. Une vie d'enfant, quoi. Assise à côté de Yacine, elle lui fait du bien. Ils sont devenus copains, complices, amis même. Amina aide Yacine à résoudre des problèmes de mathématiques. Elle lui montre souvent où ranger les feuilles que la maîtresse vient de déposer, si vite, sur leur bureau. Elle l'encourage quand il pose encore une fois tous ses crayons pour se mettre à jouer avec sa règle. Avec elle, Yacine a pris confiance en lui, vraiment.

Mais Yacine fait aussi du bien à Amina. Parce que, si elle réussit tous ses exercices, si elle en demande toujours de supplémentaires, si ses feuilles sont toujours propres, belles, alignées, Amina n'a pas la force mentale de Yacine. Il y a des choses qu'elle ne voit pas, qu'elle n'entend pas, parce qu'elles ne font pas partie de son monde à elle.

La semaine dernière, alors qu'on terminait la lecture collective d'*Un petit frère pas comme les autres*, Yacine nous as tous scotchés. Dans cette histoire, il y a une petite lapine, qui est passablement agacée par son petit frère qui ne fait rien comme les autres. Il bave, se fait pipi dessus, n'arrive pas à parler correctement, et rigole quand les autres se moquent de lui. La maman explique à sa grande fille que son petit frère est porteur de la trisomie 21. Nous avons passé plusieurs heures à parler de ce petit chromosome en plus. À la fin de l'histoire, la lapine, fâchée par une énième bêtise de son frère, s'enfuit dans la forêt. Elle y rencontre un hibou, qui lui raconte cette histoire…

« Tu sais, il y a longtemps, j'ai connu deux souris des champs qui avaient construit leur maison un jour de grand vent. Alors la maison était un peu de travers. De temps en temps, il fallait ajouter un piquet pour l'aider à tenir debout. Les fenêtres étaient un peu de guingois. Mais avec de jolis rideaux, ça ne se voyait pas trop. Les deux souris savaient bien que leur maison serait toujours un peu de travers. Mais elles l'aimaient comme ça, parce que c'était la maison qu'elles avaient construite ensemble. Et ce n'était pas de sa faute, à cette maison, si elle avait été construite un jour de grand vent[1] ! »

Le silence dans la classe est parfait. Quand je leur lis un texte, quel qu'il soit, ils sont toujours

1. *Marie-Hélène Delval et Suzan Varley,* Un petit frère pas comme les autres, *Bayard Jeunesse, 2003.*

attentifs, captivés. Pendant que je lis, je les observe du coin de l'œil. Ce petit texte a tellement de sens pour moi, et pour eux. Et puis j'attends. Je les vois commencer à bouger sur leur chaise, mais personne ne lève le doigt.

— Pourquoi est-ce que le hibou raconte cette histoire à la lapine ?

Amina se manifeste.

— Parce qu'il veut la réconforter.

— Oui, c'est ça. Mais pourquoi cette histoire-là, et pas une autre ?

— Parce qu'elle est jolie, cette histoire, répond Amina.

C'est tout, donc. Les autres se taisent. Forcément : Amina a parlé. Si Amina a parlé, elle a obligatoirement dit « juste », et moi, je ne vais pas prendre la parole après elle. (C'est Amina, quand même !)

— Ça ne me suffit pas. Réfléchissez. En quoi est-ce que cette histoire réconforte la lapine ?

Je vois Yacine remuer. Il regarde Amina. Elle ne le regarde pas ; elle est déçue, elle n'a pas su tout me dire tout de suite.

— Oui, Yacine, dis-moi, toi. Qu'est-ce que tu en penses ?

— Ben, moi, je pense que si le hibou il a raconté ça, ben, c'est pour dire que le petit frère de la lapine il est un peu de travers, comme la maison des souris. Mais c'est pas grave d'être de travers, c'est joli de travers. Moi aussi je suis de travers, des fois. Eh ben c'est pas pour ça qu'il faut pas m'aimer. Alors tu vois, Maîtresse, moi, je pense que le hibou il a voulu dire à la lapine qu'il faut qu'elle accepte la vie comme ça, quoi, que c'est déjà beau la vie tout court, qu'il faut pas chercher à ce que ça soit toujours tout nickel tout beau tout parfait ; sinon, on devient fou, tu vois.

Je vois, oui, très bien. J'ai même envie de pleurer tellement je vois.

Amina regarde Yacine. Tout le monde regarde Yacine. Quand il s'en aperçoit, quand il entend que je le félicite, que je le remercie, il est fier, mon petit bonhomme de travers, et il a de quoi.

Il reprend sa règle, se remet à jouer avec, comme pour combler sa gêne. Amina se retourne vers lui. Elle chuchote, mais j'entends :

— C'est super, Yacine, j'avais pas compris au début. Maintenant oui. Merci.

31

C'EST LE DERNIER JOUR de Déborah dans notre école. Elle s'est un peu décoincée. Elle rit avec nous, en salle des maîtres, ce midi, quand Charles raconte comment Kelyana s'est pissée dessus en pleine séance de maths. La petite ne s'en est même pas rendu compte ; c'est Charles qui lui a demandé quel était ce liquide qui coulait de sa chaise. Déborah rit et me passe même devant pour le micro-ondes. Dans la classe, ça commence à aller mieux aussi. Ça crie moins, ça travaille un peu plus, je n'y suis plus retournée depuis plusieurs semaines. Déborah s'est fait une place. On serait presque tristes de la voir partir si on ne savait pas que c'était pour que Laurence revienne. Elle sera là lundi. On a hâte. Elle nous manque, à tous.

À 17 heures, ce vendredi, je quitte l'école à pied, comme chaque soir. Je vais chercher mon petit dernier à la crèche. Je marche assez vite, déjà presque en retard. Je me presse, mais ce qui se passe sur ma droite, juste là, ne m'échappe pas. Devant la porte arrière d'une épicerie, il a une capuche sur la tête. Il chancelle, parle fort, tout près d'elle. Elle est contre la porte, pleure, a mis les mains sur son visage. Son maquillage a coulé, mais je vois ses cheveux, son regard perdu. Je la connais.

Marina est la maman de Clémence, une élève de Nathalie, en CM2. Marina est belle, blonde, apprêtée, jeune, très (trop) jeune. Quand elle vient chercher sa fille et qu'elles repartent toutes les deux, on dirait deux frangines. Des fois, c'est Mamie qui vient. Elles vivent toutes les trois, à deux rues de là. J'ai reconnu Marina, même si elle n'est pas vraiment elle-même, aujourd'hui, devant cette porte.

J'avance, je n'ai rien vu, rien entendu. Au bout de quelques mètres, je regrette. Je crois que je n'ai pas voulu la mettre mal à l'aise. J'aurais peut-être dû intervenir, lui demander si elle avait besoin d'aide. J'appelle Nathalie sur son portable.

— Clémence est encore là ?

— Oui, elle est à la garderie.

— OK. Va voir Bénédicte, dis-lui qu'elle raccompagne la petite à 18 heures. Il y a sa maman dans la rue en face de l'école, elle n'a vraiment pas l'air dans son assiette, il ne faut pas que Clémence la voie comme ça.

Lundi, 8 heures. Laurence est dans la salle des maîtres. C'est bon de la voir. De la regarder s'activer devant la photocopieuse, sourire, faire comme si elle n'était jamais partie, ou alors juste hier. Elle peste contre le massicot qui ne fonctionne toujours pas. Elle trouve que mes cheveux sont bien, comme ça. Elle ne parle pas de Tarik, pas de son absence, juste de son régime qu'il va falloir qu'elle reprenne, dès ce midi. Haricots verts, donc. Ça aussi, ça m'avait manqué.

À 10 heures, Laurence entre dans ma classe. Pas de « Mawie-Théwèse » aujourd'hui, elle est blême, me demande de sortir, vite. Elle vient d'appeler police et pompiers. Marina se fait cogner dessus dans la petite épicerie en face de l'école. Laurence l'a vue, a attendu les secours avec elle. L'homme est rentré dans sa boutique, a fermé la porte à clé. Mais Marina n'a pas voulu monter dans le camion de pompiers. Elle est repartie chez elle en zigzaguant, sans dire merci.

Je raconte à Laurence ce que j'ai vu vendredi devant la porte arrière de cette même boutique. Nathalie nous rejoint. Clémence va bien, n'a pas vraiment changé de comportement ces dernières semaines, nous dit-elle. Il va falloir être vigilantes, faire venir Marina sous un prétexte quelconque, et essayer de parler.

Devant ses haricots, Laurence est pensive. Pas de kebab pour moi aujourd'hui, une salade verte suffira. Charles est en rendez-vous avec des parents. Caroline fait de l'aquabike. Nathalie est chez ses parents.

— Est-ce qu'il faut qu'on fasse un signalement, pour Clémence ?

— Je ne sais pas, ça ne s'est pas passé dans l'école, juste devant. Je suis passée là par hasard. Françoise m'a appelée pour un colis pour lequel je devais signer.

— Alors, on attend ?

— Oui, on attend. Mais on attend quoi ? Je ne sais pas. Nathalie va recevoir la maman et, en fonction de ce qu'elle nous dira, on avisera.

Personne n'a vraiment eu le temps d'aviser. Ça s'est passé l'après-midi même. Cette fois, c'est Nathalie qui entre brusquement dans ma classe et me demande de sortir. Clémence a tout vu, tout entendu. Marina a crié tellement fort dans la rue que Clémence a reconnu la voix de sa mère et a regardé par la fenêtre. Elle l'a vue, en sang, sur le trottoir.

Nathalie change Clémence de salle et s'assied avec elle pour la calmer. Je confie ma classe à Farida, l'auxiliaire de vie scolaire. On descend les escaliers en courant.

Sur le trottoir en face de l'école, l'homme est pieds nus. Il a du sang sur les mains.

— C'est elle, elle m'a volé ma bouteille de vodka, je veux qu'elle me la rende, c'est tout !

Marina est assise par terre, elle se cache le visage.

— Comment allez-vous ? Marina ?

Elle lève les yeux. Pas de trace de maquillage cette fois. Du sang, des hématomes. Elle se tient le bras. Elle fume.

Les pompiers arrivent vite, pas la police. L'homme commence à être nerveux. Il prend son téléphone, passe un coup de fil. On a peur qu'il s'en aille. Il raccroche, s'approche de Marina. Je la prends par le bras, l'emmène dans le couloir de l'école, ferme la porte derrière elle.

— Il faut porter plainte, Marina. Pensez à Clémence. Elle vous a vue, elle vous a entendue.

— Oui, Madame la Maîtresse, oui, d'accord. Mais c'est la première fois, Madame, que je rencontre quelqu'un comme ça, je vous jure. Je veux sortir, je veux fumer.

La police est là. Mamie arrive en même temps. Elle court sur le trottoir. Ce n'est pas vers sa fille qu'elle court, c'est vers lui. Elle hurle, pose son sac, prête à en découdre. La police intervient, les sépare. L'homme est embarqué. Du siège arrière de la voiture de police, il hurle :

— Ce soir, tu me ramènes ma bouteille de vodka, compris ? !

Marina monte dans le camion rouge. Mamie entre dans l'école et récupère Clémence.

Je regarde Laurence. Je suis mal. Elle le sait. Elle prend mon bras, y passe sa main. Elle est revenue. Sans elle, ça, je n'aurais pas réussi, jamais.

Maintenant, il faut remonter en classe. Tenter de trouver les mots pour expliquer à nos élèves ce qui s'est passé. Ou pas. Ravaler nos émotions, notre colère, notre tristesse. Rester debout, sourire, en profiter, peut-être, pour parler avec les enfants de la violence, de la solidarité. Ou simplement reprendre le cours de la classe. On en était où ? Ah oui, la grammaire.

Encore une heure de classe. Faire un signalement aux services sociaux, au procureur. Prendre rendez-vous au commissariat pour aller témoigner.

Et puis rentrer chez moi. Pousser la porte, et demander à mes enfants comment s'est passée leur journée, leur faire croire que la mienne était super, vraiment. Oublier, quelques heures. S'endormir, ou essayer.

32

Il est 9 h 25. Adriano a vomi sur sa dictée. Et un peu sur sa trousse aussi. Et un peu sur la copie d'Habib. Je n'ai rien vu, j'avais le dos tourné. J'ai juste entendu Habib reculer sa chaise, d'un coup, et le reste de la classe crier « beurk ». Je n'ai pas réagi tout de suite, parce que ça faisait dix fois qu'ils disaient « beurk ». La dictée parlait d'une sorcière qui préparait un bouillon avec des yeux de crapaud, des langues de grenouille et des crottes de mammouth (pas facile à écrire, mammouth). C'est quand j'ai énoncé la deuxième phrase – « Elle ajoute un petit morceau de cœur de bœuf. » – que le dernier « beurk » a jailli – le reste aussi.

La suite, j'en ai des haut-le-cœur rien que de le raconter. J'ai épongé, ramassé, aéré, nettoyé. Et puis j'ai dû recommencer. Parce que ça sentait tellement fort, tellement mauvais, que Mathis n'a pas pu s'empêcher. Il m'a prévenue, plusieurs fois, mais j'étais – comment dire – occupée. Je lui ai dit de courir aux toilettes. Pas le temps. Sur ses chaussures, c'est mieux. Il a bien fait de venir à l'école, aujourd'hui, Mathis.

Adriano est rentré chez lui. Maman s'est excusée. C'est parce que, ce matin, au petit-déjeuner, il a insisté, il voulait manger une quiche, alors bon. Alors bon.

Fenêtres ouvertes (heureusement qu'on est au mois de mai), la classe a retrouvé une odeur à peu près acceptable. À peu près, parce que ça reste une salle de classe quand même. Il faut qu'on s'y mette, maintenant. Et vite. Le spectacle de fin d'année a lieu dans moins d'un mois, et nous ne sommes pas du tout, mais du tout prêts.

Il faut dire que je n'ai pas choisi le plus simple à préparer. Cette année, je veux qu'ils chantent, je veux qu'on entende leur voix. Leur voix, et leurs mots, à eux. Ce qu'ils vont dire sur scène ce jour-là, c'est eux qui l'auront écrit. À condition qu'on ait le temps de finir.

Je lance le morceau que je veux leur faire écouter. Je leur demande de fermer les yeux et, surtout, de ne rien dire quand ce sera terminé, juste d'écrire des mots, sur leur feuille de brouillon. Pas de phrases, juste des mots. C'est un slam de Grand Corps malade, *Le Blues de l'instituteur*[1]. Un

---

1. *Extrait de l'album* Enfant de la ville, *2008.*

maître explique à ses élèves qu'il n'a pas la force de faire classe aujourd'hui, et qu'il préfère leur parler de la Terre qui part en vrille, des hommes qui se mettent sur la tronche, des poubelles qui détruisent nos océans.

Guerre
Armes
Pollution
Déchets
Violence
Mer
Océans

Et bien d'autres mots encore (ils ont compris la consigne). Peu à peu, les langues se délient, des mots s'ajoutent aux autres, la discussion s'enflamme.

— Maîtresse, pourquoi les gens ils font la guerre ?

— Maîtresse, les déchets, il faut les jeter dans une poubelle.

— Mais la violence, ça sert à rien, Maîtresse !

Je leur explique que c'est à leur tour d'écrire. Qu'ils vont devoir lui répondre, à ce maître, lui donner des raisons de ne plus être triste, lui dire qu'ils ont compris. Avec un tout petit défi, en plus : faire des rimes. Au bout d'une demi-heure, les crayons commencent à s'emballer sur les feuilles.

« Maître, ne pleure pas, nous sommes là.
Il faut arrêter ça.

Quand on sera grands, on ne sera pas méchants. Ne sois pas inquiet, on va s'en occuper. »

J'autorise les élèves non francophones à écrire dans leur langue. Farida est venue expliquer la consigne à Fouad. Je suis sûre qu'il aura de belles choses à dire. Erkhan a réussi à traduire l'essentiel pour Goran en albanais. Quant à Martim, même si « comprend toujours pas », il se met aussi à griffonner.

Ça prend, je suis contente, je suis fière d'eux. Tout le monde s'y met, ils se stimulent, s'encouragent, ont des millions d'idées. Kahina et Valentine, mes deux timides, assises à côté, réfléchissent ensemble, elles écrivent. Ça va être un beau spectacle. Un vrai spectacle.

J'en avais parlé aux collègues en salle des maîtres hier. La fête de fin d'année, c'était l'ordre du jour de notre conseil. Le premier présidé par Laurence depuis longtemps.

— Qu'avez-vous prévu pour le spectacle, cette année ?

Charles et Caroline ont monté une chorale avec leurs CP et leurs CE1. Ils vont reprendre plusieurs morceaux de Jacky Galou, dont l'indémodable *Nagawicka*. Classique. Mais attention, Caroline a prévu des canons, des solos, des trios – et quelques quatuors sur certains couplets. Il y aura aussi des maracas et autres artifices, ça promet d'être magique. Charles nous a déjà raconté quelques répétitions, on a hâte.

Pour Laurence, ce sera hip-hop. Un intervenant est venu plusieurs fois et les a aidés à monter des chorégraphies. Comme chaque année, les CM1 vont nous mettre à l'amende, on a l'habitude.

Nathalie et ses CM2. Pas la peine de se prendre la tête : Nathalie, elle, opte pour la démocratie. Ce sont ses élèves qui choisissent la chanson qu'ils veulent chanter. Pour le meilleur comme pour le pire. Maître Gims ou Beyoncé, Nathalie s'en débrouille. Cette fois, on lui met quand même un veto sur Jul. Dans une école, un type qui fait autant de fautes de français, ça fait moche.

— Et toi, Jacqueline, qu'est-ce que tu as prévu ?... demande Laurence, sourire espiègle.

Je sais que Jacqueline lui avait manqué, vraiment.

— Oh moi, une chanson, comme d'habitude, mais cette année...

— Oui, quoi ? Cette année ? Tu changes quelque chose ?

Laurence s'excite. Charles pouffe. Je me retiens. Nathalie jubile. Caroline est aux aguets.

— Non, euh, c'est juste, je me disais, ils ne chanteront pas pour de vrai. En play-back, ce sera bien. Sinon ils chantent tous faux, et on n'entend pas bien la chanson.

— Bien, je note, répond Laurence en souriant, toujours. Une chanson en play-back, donc. Chantal Goya, j'imagine ?

Charles est sorti de la pièce. J'ai mis ma tête sous la table.

— Non, non. La Compagnie créole.

— Parfait. *Au bal masqué* en play-back, c'est parti.

33

Ils se sont tous levés, ensemble, et sont en train d'applaudir. Moi, évidemment, je me retiens de pleurer. Quant à lui, il sourit. Il aurait presque l'air un peu bête, là, avec sa feuille de classeur dans les mains, à sourire, si on ne le connaissait pas un peu.

Habib a eu 100 % à la dictée. Aucune faute, pas de majuscule manquante, des virgules bien placées, « champignons » écrit avec un « s », et, quand il a fallu accorder « jouer » avec le sujet « les enfants », il a même mis « ent » à la fin du verbe. Je n'en reviens pas. Lui non plus. Eux non plus.

Quand j'ai rendu les dictées tout à l'heure, j'ai énoncé le pourcentage de chacun. C'est la première fois que je fais ça. Je crois que, ce coup-là, c'est important. J'ai annoncé tous les pourcentages, ou presque. Pas celui de Mathis (12 %), je ne veux pas l'humilier.

Habib a l'air de stresser un peu. Il attend en jouant avec ses stylos, me regarde, inquiet, tend une oreille à chaque nouvelle feuille rendue. Il sait que celle-ci n'est pas comme les autres. Il sait que, pour celle-ci, quelque chose de différent s'est passé, et que, forcément, quelque chose sera différent quand je la lui rendrai.

Mardi, jour de dictée, Viviane, l'auxiliaire de vie scolaire de Joris, dans la classe d'à côté, frappe à la porte de ma clinique. Joris est absent aujourd'hui. Elle veut savoir si elle peut aider à quelque chose. Je lui propose de s'asseoir à côté d'Habib. Pas de l'aider, non, juste de se mettre là, à côté de lui. Habib est d'accord. Viviane colle une chaise à sa table, ne dit rien, pas un mot. Habib écrit. Il ne me demande pas une seule fois de recommencer. Ne lève pas une seule fois le nez en l'air. Il a confiance. Quelqu'un le regarde, quelqu'un s'occupe de lui, juste de lui.

Pendant que je dicte le texte, Viviane me regarde. Avec ses yeux, elle me fait comprendre qu'il s'en sort très bien. Je vois Habib concentré. Je vois le petit bonhomme réfléchir, s'appliquer. Je le vois même se relire, plusieurs fois, se corriger aussi. Je m'interdis de regarder sa feuille pour l'instant, je ne veux pas le paniquer, le faire douter. Je ramasse. Viviane s'en va.

C'est donc aujourd'hui que je rends les dictées. Je continue d'annoncer les pourcentages. Je fais un peu durer le suspense. Je range la feuille d'Habib au-dessous de la pile. Je la lui rendrai en dernier. Il écoute.

100 % pour Amina. 85 % pour Yacine, qui a fourni de gros efforts. 80 % seulement pour Lucie, un peu tête en l'air en ce moment...

C'est son tour. Je m'approche de lui, doucement. Je commence par souffler « Habib », avec un ton un peu las, les yeux un peu froncés. Il flippe, je le vois. Je lui demande :

— Habib, avais-tu appris les mots de la liste, cette semaine ?

— Oui, Maîtresse. Oui, tous les mots, avec Maman, plusieurs fois, j'te jure, Maîtresse, j'te jure ! Pourquoi ? J'ai fait tout faux, c'est ça ? Encore ?

— Non, Habib. Je te laisse regarder ton score et le dire aux autres.

Je pose la feuille sur sa table. Il la prend dans ses mains. Approche le nez tout près. Recule la feuille, l'avance de nouveau. Et murmure :

— 100 % ?

— Oui, Habib. 100 %. Tu peux le dire plus fort, que toute la classe l'entende. Tu as eu 100 % à la dictée, Habib.

C'est là qu'ils se sont tous levés, spontanément. Ils applaudissent. Yacine siffle. Même Mathis, bon perdant, félicite chaudement son copain. Habib est aux anges. Je ne pensais pas que ça le rendrait aussi heureux, que ça me comblerait autant, moi aussi.

J'ai mis un peu de temps à comprendre, mais c'est bien ça qu'il lui faut. Un regard, un soutien, une présence, à ses côtés. C'est trop tard pour cette année, mais je vais monter un dossier de demande d'AVS pour lui. Ce sera long, peut-être fastidieux, mais ça le sauvera, un peu. Martine, la psychologue scolaire, va devoir le recevoir, me dire ce qu'elle en pense. Elle diagnostiquera sûrement des troubles de l'attention, de la concentration. Il faudra que le médecin de famille signe un certificat. Il faudra que Maman dise oui. Il faudra que je remplisse un épais dossier, que j'organise une réunion, que des commissions se réunissent, qu'un volume horaire soit décidé. Mais ça vaut la peine. Habib est capable, il me l'a prouvé.

Quand la sonnerie de la récréation retentit, Habib n'a pas encore atterri. Je n'ai pas insisté pour qu'il travaille pendant la séance de mathématiques qui a suivi. Je l'ai laissé garder sa feuille de dictée près de lui, pour pouvoir la regarder encore.

Les enfants sortent dans le couloir. Pas lui. Sa dictée à la main, il s'approche de mon bureau.

— Merci, Maîtresse !

— Merci de quoi, Habib ? Ce n'est pas moi qui ai fait zéro faute, c'est toi !

— Oui, mais merci quand même parce que tu m'as mis 100 %.

— Habib, je t'ai mis 100 % parce qu'il n'y avait aucune faute. Je suis fière de toi, tu sais, *très* fière de toi.

— Moi aussi, je suis fier de moi, Maîtresse. Mais, est-ce que…

— Oui, dis-moi ?

— Est-ce que, s'il te plaît, Maîtresse, tu peux prendre une photo et l'envoyer à ma maman, là, tout de suite, avec ton téléphone ?

Habib soulève la feuille de classeur, la positionne au niveau de son visage. Le 100 % écrit en violet (je ne corrige jamais en rouge) brille à cinq centimètres de ses yeux. Sourire ultra-bright, on dirait qu'il va se décrocher la mâchoire tellement il sourit.

« Clic. » La photo est envoyée. Ça me fera un joli souvenir, à moi aussi.

J'ai montré la photo à Charles ce midi. Il n'y a que lui et moi, en salle des maîtres. Laurence et Nathalie ont emmené leurs élèves au collège. Journée de découverte, avec repas au réfectoire compris. Ou comment terminer d'effrayer les CM2 quelques mois avant leur départ. Caroline a mangé en coup de vent, elle doit finir de préparer ses instruments de musique pour le spectacle de son et lumière qu'elle prépare pour la fête de fin d'année. Charles préfère la laisser faire, il promet de s'occuper de la partie « voix ». L'essentiel, finalement.

Je crois que le moment est bien choisi. Il faut que je lui dise, maintenant. Des semaines, des mois que je me retiens, mais là, je pense que c'est bon, on se connaît assez maintenant. Il ne le prendra pas mal. Il est gentil, Charles, compréhensif.

— Charles, tu sais, il y a quelque chose que je dois te dire, depuis longtemps.

— Qu'est-ce qu'il y a ? marmonne-t-il entre deux cuillerées de riz au lait.

— Bah, c'est que là, justement, tout de suite, tu vois, je ne peux pas.

— Tu ne peux pas quoi ? Le CP ? Tu as pris ta décision ? Tu ne veux pas prendre l'autre classe avec moi l'année prochaine ?

— Non, non, ce n'est pas ça. Le riz au lait.

Il s'arrête. Pose sa cuillère. Attend.

— Le riz au lait, c'est pas possible, Charles. Je n'ai jamais osé te le dire, mais vraiment, vraiment, je ne peux pas. Rien que de le voir là, de te voir en manger, j'ai la nausée. Je ne sais pas d'où ça vient. De la cantine, peut-être, quand j'étais petite. Mais c'est comme une phobie, tu vois.

Charles me regarde. Estomaqué. Je regrette déjà. Il va le prendre mal. Il ne va plus me parler. J'aurais mieux fait de me taire. Finalement, ça fait quatre ans que je le supporte, quelques années de plus, j'aurais pu tenir. Je suis vraiment nulle, des fois.

Charles se lève. Il prend son riz au lait, s'approche de la poubelle. Il se retourne une dernière fois vers moi, s'assure que je suis bien en train de le regarder, et retourne complètement son bol. Plof. Un horrible bruit de riz au lait qui se renverse dans une poubelle. Je réprime un rot de dégoût.

— Si ce n'est que ça, terminé le riz au lait ! Donne-moi un morceau de tarte au citron. Prends un papier, un crayon, je vais t'expliquer le CP. Tu verras, c'est facile, vraiment.

34

UNE JOURNÉE du mois de juin. Moiteur. Esprits échauffés. Transpiration. Flemme. Fatigue. Parfait pour une sortie scolaire.

Deux classes : la mienne et celle de Laurence. « Merci de prévoir un sac à dos avec un pique-nique, une bouteille d'eau et une casquette », dit le petit mot à l'adresse des parents. On a quand même pris le temps de vérifier, avant de partir. Et on a bien fait.

Dans le cartable de Martim, un sac en kraft, avec un M dessus. « Big Mac ». (Il n'y a pas besoin de savoir le dire en français.) Dans celui de Kahina, il y a de quoi faire manger un régiment. Ça tombe bien, parce que la maman de Beverly n'a pas réussi à lire ce qu'il y avait écrit sur le papier, et sa fille n'a pas su lui expliquer puisqu'elle avait oublié. Fouad non plus n'a rien. Et bien d'autres. On avait prévu le coup. Des paquets de chips, des baguettes de pain, du fromage – y en aura pour tout le monde. Et comme on est de bonne humeur, pas de razzia sur les bonbons cachés au fond des sacs aujourd'hui. Les maîtresses s'octroieront juste le droit d'en prélever quelques-uns, en fin de journée. Adriano a une quiche. Oui, entière. Maman a quand même pris le temps d'en couper des parts. Quant à Mathis, du Coca, des Pringles et un paquet de sucettes. Entrée, plat, dessert.

Qui dit sortie scolaire dit aussi parents accompagnateurs. Et ici, on ne manque jamais de volontaires. Reste à trier. Tirage au sort, leur a-t-on expliqué, quand la liste des bonnes volontés s'est un peu trop allongée. On a réussi à éliminer madame Bidule, non sans peine. Elle a évidemment contesté la légitimité du tirage au sort, la main de Laurence n'étant pas, selon elle, tout à fait « innocente ». Laurence lui a réexpliqué rapidement quelques petits fondamentaux, elle a fini par accepter sa défaite.

Nous voilà donc prêts à partir. Quarante-six élèves déjà en sueur, plus ou moins bien rangés dans la cour. Madame Truc, madame Machin et madame Chose pour nous accompagner.

Laurence a mis un bob Banque populaire du plus bel effet, et moi mon plus beau survêtement Adidas, celui que je mets pour aller faire de la zumba le mercredi. Nathalie a eu le temps de se moquer un peu de nous avant qu'on parte. Tout est en règle.

Le bus arrive. Le troupeau s'installe. Non, Habib, pas à côté d'Erkhan. Non, Erkhan, c'est pas vrai, ça ne sent pas le cul ici, c'est juste qu'il fait chaud. Samia, viens t'asseoir à côté de moi, ça évitera à Yacine et Mathis de se battre pour être près de toi. Kahina et Valentine, ici, parfait. Arnaud n'est pas loin, oui, Valentine, il est là. Tarik et Raphaël juste devant. Fouad et Goran, sur le rang d'à côté. Madame Truc et madame Chose sont déjà en train de comparer leur vernis. Madame Machin, qui ne peut pas les blairer, s'est installée au fond. Elle gérera les plus turbulents. Dont son fils Jordan. Ça lui permettra peut-être enfin de comprendre ce qu'on essaie de lui expliquer depuis des mois. Un rang derrière moi et Laurence, Isabelle. Ma plante verte. À la bourre ce matin, comme d'habitude, elle est montée dans le bus *in extremis*, les yeux collés, rien dans le bide. Ou presque.

Le bus n'a pas fait cent mètres que Kahina m'attrape l'épaule. J'entends comme un bruit de robinet. Le temps de me retourner, Isabelle a rendu le peu qu'elle avait eu le temps d'avaler. Une partie sur ses genoux. Pour les grumeaux, tous dans les cheveux. Et ils sont longs, les cheveux d'Isabelle. Laurence se retourne, change de couleur et me dit : « Là, c'est toi qui gères », tout en faisant des mouvements étranges avec sa gorge et sa bouche, comme si elle allait s'y mettre elle aussi. Kleenex, lingettes, un peu d'eau, et un sac en plastique sur les genoux si jamais ça lui reprend. Pour les grumeaux, je ne peux rien faire. Il en reste, et ils devraient nous accompagner une bonne partie de la journée.

Une heure de route et quatre vomis d'Isabelle plus tard, nous voilà arrivés à notre destination, une ville fortifiée classée au Patrimoine mondial de l'Unesco. Des guides doivent nous prendre en charge, former des groupes et nous raconter toute l'histoire du lieu. Madame Machin est ravie, les deux autres font la tronche. Il va falloir marcher et, surtout, se séparer. Une maman dans chaque groupe.

Je suis chanceuse, je récupère madame Machin. Et, pour aujourd'hui, on l'appellera madame Je-Sais-Tout, voire madame Je-Sais-Mieux-Que-Le-Guide, d'abord. L'avantage avec elle, c'est que les enfants ne mouftent pas. Ils ne peuvent pas, elle fait « Chhhhhh… » à peu près toutes les trois secondes ; je me demande à quel moment elle respire. (Cela dit, je suis aussi régulièrement en apnée ce matin : Isabelle est dans mon groupe. Les grumeaux sont tombés, mais l'odeur est restée.)

Arrivées devant la cathédrale, Sarah et Yamina s'arrêtent net.

— Non, Maîtresse, nous, on ne peut pas rentrer là !

— Ah ? Et pour quelle raison ?

— Parce qu'on est arabes.

— Je ne vois pas le rapport, les filles, il va falloir m'expliquer.

— Bah, on n'est pas catholiques, quoi.

— *Primo*, arabes et musulmanes, c'est différent. *Deuzio*, moi non plus je ne suis pas catholique. Personne ne vous demande de faire le signe de croix ni d'aller prier. Juste d'aller visiter un monument historique, en l'occurrence cette cathédrale.

Elles ne sont pas convaincues, mais pas le choix ; elles entrent dans la bâtisse. Je les observe, un brin agacée, en pensant notamment au papa de Yamina, ivre mort tous les soirs à la sortie de l'école. À chaque fois qu'elles passent devant une croix ou une statue de Jésus, elles se mettent les mains devant les yeux. Il va falloir qu'on cause un peu, elles et moi.

À midi, les langues sont pendues, les gouttes perlent sur les fronts. Ce ne sont presque plus des enfants, déjà quasiment des légumes. Pique-nique. Les trois groupes se rejoignent sur une grande esplanade. De l'herbe, quelques arbres, un peu d'ombre. Laurence et moi passons une bonne dizaine de minutes à visser les casquettes sur les têtes, dans le bon sens si possible. Distribution de sacs-poubelle pour les déchets. Non, Erkhan, tu ne te caches pas dedans, tu poses ça là et, quand tu auras fini ton repas, tu y jetteras ce qu'il reste. Non, ce n'est pas non plus pour y faire caca.

Astucieuses, avec Laurence, on a réussi à esquiver madame Machin. On lui a suggéré de manger avec son fils, pour le calmer, un peu. Nous, on va pouvoir se poser, discuter et, peut-être, souffler trois minutes. À une dizaine de mètres, madame Truc et madame Chose mangent toutes les deux. Le plus loin possible des enfants – faudrait voir à pas s'en occuper non plus. Et au soleil, tant qu'à faire. Autant revenir un peu bronzées.

Je m'allonge dans l'herbe quand j'entends Laurence pouffer. Je me relève. Elle suffoque tellement elle rit, mais se cache derrière son sac à dos. Impossible de parler. Elle fait des signes, me montre ses seins et parvient à sortir un bruit qui ressemble à « Chose ». Madame Chose. Il se passe un truc avec les seins de madame Chose. Virage à quatre-vingt-dix degrés, je me frotte les yeux pour y croire. Elle a enlevé son tee-shirt… Madame Chose est en soutien-gorge, elle se passe du monoï sur les épaules. À côté d'elle, madame Truc n'est pas allée jusque-là. Elle a remonté les manches de son tee-shirt, les jambes de son pantalon, et elle se tartine aussi, pas vraiment délicatement non plus. Il ne va pas falloir longtemps avant que les enfants s'en aperçoivent. Et Erkhan, s'il voit madame Chose en soutien-gorge, on l'a perdu pour la journée.

Laurence reprend son souffle. Elle parvient à se lever, se dirige vers le centre d'UV. Je la soutiens du regard, tout en gardant un œil sur les enfants de l'autre côté.

— Hmm… Tout va bien, madame Chose ?

— Ni-ckel !

— Oui, je vois ça. Mais en fait, comment dire ?…

— Tu veux du monoï, madame la directrice ?

— Non, ça va, je risquerais de vider votre tube, avec la surface qu'il y a à recouvrir. Mais, en fait, je pense qu'il faudrait vous rhabiller, là. Il y a des enfants avec nous. Parce qu'en vrai, on est en sortie sco-laire, ça veut dire sortie avec une é-cole, dont avec des en-fants.

— Rhôô-là-là, ça va, ça va, zont jamais vu un soutien-gorge, ces gosses ? ! Vont pas faire les choqués, vous êtes sérieuse ?

— Très.

Laurence tourne les talons, revient s'asseoir avec moi, sort son Tupperware de haricots verts, froids. Je vois madame Chose remettre son tee-shirt, en râlant ostensiblement. Madame Truc est d'accord avec elle, évidemment.

Le reste de la journée se passe, mollement, disons. Les enfants sont épuisés, ils ont chaud, n'ont plus tellement envie de visiter grand-chose. Et nous non plus, à vrai dire. Les trois mamans boudent. Il a bien fallu sortir un peu de notre torpeur quand Tarik et Raphaël se sont mis à donner des coups de pied dans les portières de voitures, surtout quand ils s'en sont pris à la Clio rouge, là, sur le trottoir de droite. Il y avait un type à l'intérieur, il n'a pas aimé. Tant mieux, on n'a rien eu à dire aux loustics, le conducteur s'en est chargé.

Tout le monde dans le bus. On a compté, malheureusement, on n'en a pas oublié sur place. Isabelle monte à l'avant. Laurence lui a donné trois sacs-poubelle. Il y en a un qui est carrément attaché autour de son cou, l'autre est sur ses pieds, le troisième sur le siège d'à côté, tout près. Elle veut les enlever au bout d'une demi-heure de route, prétextant que « C'est bon, Maîtresse, je vais bien ». Laurence lui répond : « Jamais de la vie tu ne les enlèves ! » Sans appel. Madame Machin est assise à côté de son fils, elle ne l'a plus lâché de l'après-midi. Jordan a l'air ravi. Madame Truc et madame Chose – appelons-les les Écrevisses – sont au fond, comme à l'aller, le sourire en moins.

Lorsque nous arrivons à l'école, les parents attendent sur le trottoir. Il y a Charles, Caroline et Nathalie aussi. Leurs élèves sont déjà partis, mais ils avaient bien envie de nous voir revenir. Ils ont eu raison, le défilé doit être splendide. Collection été 2018…

Voici Isabelle. Pâle, les cheveux encore collés. Elle descend du bus avec son sac-poubelle collier bien attaché autour du cou. Pas un sourire, évidemment. Sa mère l'attrape par le bras sans la regarder et ne juge pas nécessaire de lui enlever son attirail tout de suite.

Madame Machin et son fils. Heureux comme des papes. Ils ont passé une journée magnifique, et ça se voit.

Attention, voilà les princesses du jour. La collection été 2018 donne dans le rouge vif, cloques en option. Madame Truc et madame Chose. Un petit regard coquin à Charles en passant. Ni au revoir ni merci à Laurence, il est temps d'aller s'étaler un peu de Biafine à la maison.

Et pour clore le spectacle, après la file d'enfants transpirants, fatigués, mais encore excités, Laurence, son bob de travers, et moi, mon jogging Adidas en surchauffe. Nathalie nous regarde descendre du bus, passe une mèche de cheveux derrière une oreille et, spontanée et enthousiaste, comme d'habitude, lance :

— Ah, vous avez l'air de vous être ré-ga-lées !

Je n'aurais pas dit mieux.

Il m'a bien fallu un week-end entier pour me remettre de cette journée. Et, comme à chaque fois, j'ai passé deux jours à répéter « Plus jamais ça ». En sachant pertinemment que je ne le pensais pas.

35

Lundi matin, retour à l'école. Encore quelques jours avant le spectacle ; ce sera jeudi. On est presque prêts. Pendant la matinée, on ajuste les dernières strophes, on définit l'ordre de passage, on met en place une petite scénographie. Ils sont contents, ils sont fiers d'eux, et ils ont de quoi.

Je n'ai pas compris précisément ce qu'avait écrit Martim. Mais j'y ai vu des mots qui ressemblaient à « arbre » et « planète ». Fouad n'a pas écrit, il ne sait pas écrire en arabe, il ne sait que le parler, alors Farida est venue l'aider. L'écologie, l'environnement, ça ne lui évoque pas grand-chose, pas encore, mais il a voulu dire la beauté de son pays, il a raconté les amandiers en fleur et a demandé à Farida d'écrire qu'il n'aurait jamais voulu partir.

Antoine n'a pas écrit non plus. Les rimes l'ont bloqué. Alors je lui ai proposé de dessiner. Autant qu'il voulait. Les copains tiendront ses dessins dans leurs mains pendant le spectacle. Il a colorié des arbres, une jolie planète toute bleue et des oiseaux.

Valentine et Kahina m'ont épatée, elles aussi. À cet instituteur résigné qui interpelle ses élèves sur l'état de la planète, voici ce qu'elles ont répondu :

« Monsieur, on est d'accord avec vous,
Et si vous voulez que ça change, alors aidez-nous.
Car nous, les adultes de demain,
Nous nous donnerons la main.
Ne vous inquiétez pas,
On ne baissera pas les bras. »

À 11 h 45, quand je ramène les élèves qui ne mangent pas à la cantine à leurs parents, je vois le père de Goran, d'habitude toujours en retrait, juste devant la grille. Pas très grand, un peu trapu, les yeux clairs, le crâne rasé, poli, souriant, il a parfois un peu l'air de s'excuser. Il est policier, m'a-t-il expliqué un jour. Enfin, il l'était, avant, là-bas, en Albanie. Il était respecté, envié, installé. Jusqu'au jour où il a fallu partir, et vite. Le Kanun les a rattrapés. Une sorte de vendetta qui court sur des générations et qui ne laisse pas beaucoup de chances. Ni à vous ni à vos descendants.

Le papa de Goran s'approche. Il parle assez bien le français, maintenant. Enfin, il se fait comprendre. Son visage est un peu grave. Il demande à Goran de s'éloigner, d'aller jouer un peu plus loin. Le petit garçon s'exécute.

— Nous, quitter la ville, demain.

— Demain ? Tout va bien ?

— Non. Enfin, peur. J'ai peur. Demande d'asile refusée, ça fait déjà deux fois.

— Vous allez retourner en Albanie ?

— Non, trop dangereux.

— Je comprends.

— Semaine dernière, police française a arrêté femme à moi. Elle a passé deux jours au centre, là-bas. Je veux pas. Pas les enfants.

— Alors, où allez-vous ?

— Une autre ville, loin. On verra. Vous préparez affaires Goran, ce soir ?

— Oui, bien sûr, je prépare tout.

Goran me regarde. Il a compris. Il baisse la tête. Je lui souris. Il ne fera pas le spectacle avec nous. Il devra se trouver d'autres copains. Un autre Fouad, peut-être. Dans cette « autre ville, loin », il va retourner à l'école, apprendre, avancer, et Papa pourra peut-être doucement relever la tête, arrêter de s'excuser.

36

SI ON POUVAIT MESURER le taux d'excitation dans une classe comme on mesure la violence d'une secousse sismique, je dirais que le jour du spectacle de fin d'année équivaut à peu près au tremblement de terre de décembre 2004, le tsunami avec. Ça trépigne, ça gesticule, ça piaille. Bref, même pas la peine de songer à glisser une mini-séance de grammaire dans la matinée.

Et il n'y a pas que les enfants qui s'emballent. Nathalie est au top de sa forme, elle est même venue en tongs aujourd'hui. Tongs dorées avec un faux diamant entre les orteils. Détendu, mais pas jusqu'aux orteils, Charles, la force tranquille, est en short. Les mères Monoï vont se régaler. Caroline, elle, a le bouton du stress poussé au maximum. Les costumes à terminer, les instruments à accorder, la mise en scène à répéter une dernière fois. Quant à Laurence, on ne voit que son ombre. Un trajet dans le couloir pour aller chercher les tickets de tombola, un retour dans l'escalier pour appeler la mairie et vérifier que la scène va bien être livrée à temps, un détour par la salle des maîtres, dont la table est jonchée de gâteaux, boissons et autres quiches en tous genres, pour mettre en place, couper des parts, et essayer de donner envie de les acheter.

Il y en a une, en revanche, qui ne s'excite toujours pas, c'est Jacqueline. La porte de la grotte est restée fermée toute la matinée. Impossible de savoir pour l'instant si elle a mis son habit de lumière, à savoir sa jolie jupe noire spéciale spectacle de fin d'année. Un peu osée, quand même : elle arrive juste au-dessous du genou.

Les élèves sont dans la cour. (Enfin, tous les élèves, sauf ceux de Jacqueline.) Récréation extensible. On se relaie pour les surveiller, pendant que les autres continuent la mise en place. Une fois tout ce beau monde à la cantine, le repas de midi est avalé vite fait, et on s'y remet.

Il est 15 heures, tout est prêt. Des chaises bien alignées. Une jolie scène au fond de la cour. Sur la droite, une rangée de tables pour les ventes de gâteaux. Pour l'instant, il n'y a rien dessus. Avec l'expérience, on a compris qu'un parent d'élève n'était pas en capacité de regarder sagement son enfant se trémousser sur scène s'il y avait des gâteaux dans son champ de vision.

— Non, madame Bidule, nous sortirons les gâteaux une fois le spectacle terminé.

— Une fois que toutes les classes seront passées ?

— Oui.

— Mais enfin, mais les petits, ils ont faim, ils ne vont pas tenir.

— Ils tiendront, ils tiendront. Mais vous, ça ira, vous tiendrez ?

— Ah oui oui, ce n'est pas du tout pour moi que je dis ça.

Madame Bidule a commencé à râler, le top départ est donc donné, la fête peut commencer.

Laurence est la maîtresse de cérémonie, un micro à la main. Comptez vingt bonnes minutes pour obtenir quelque chose qui s'approche du calme et pour que tout le monde soit plus ou moins assis. Madame Bidule fait remarquer qu'il n'y a pas du tout assez de chaises, et qu'il aurait fallu prévoir un espace pour les poussettes. Laurence lui répond que, l'année prochaine, on songera aussi à prévoir un coin pour que les chiens fassent caca, c'est promis.

C'est la chorale des CP-CE1 qui commence. Caroline et Charles sont au pied de la scène. Caroline est déjà en nage, on dirait qu'elle passe le grand oral de l'ENA. Charles, impassible, les deux mains dans les poches de son short, sourit à Kelyana et lui montre de la tête la porte des toilettes, si besoin. Le spectacle est juste magnifique. Les enfants chantent bien. Les costumes brillent. Les instruments fabriqués par la classe de Caroline font leur effet.

Installée sur le côté, pas très loin de la scène, j'observe ces petits bouts chanter avec application – et je me dis qu'ils sont sacrément mignons, finalement, ces CP –, quand je vois un homme se lever et se diriger droit sur la scène, l'air déterminé. Au moment où il arrive devant l'estrade, un autre homme, de l'autre côté, se lève à son tour. Les voilà tous les deux debout, au pied des enfants. Le premier interpelle une fillette : « Hey, pousse-toi, toi ! On ne voit pas ma fille, là, derrière », et il attrape carrément la gamine pour laisser la place à sa progéniture. L'autre papa prend à son tour l'épaule de sa fille pour la faire repasser devant. Caroline se retourne, comprend ce qui se passe, et se décompose. Je m'approche.

— Mais enfin, vous ne voyez pas qu'ils sont tous en train de chanter, vous les gênez, là, et vous gênez aussi les parents qui regardent.

— Mais c'est cette conne, là. Elle se met devant ma fille !

— Monsieur, s'il vous plaît, vous parlez d'enfants !

Laurence, qui n'en a pas raté une miette, arrive. Elle ne prononce pas un mot, choppe en même temps les deux pères par leurs tee-shirts, et les éloigne de la scène. Dans le couloir derrière moi, je l'entends crier : « Dans mon bureau ! » Il y en a deux qui vont passer un sale quart d'heure…

Chorale terminée. Place au play-back des élèves de Jacqueline. Ils s'installent sur scène, tous de dos. Jacqueline reste debout juste en contrebas, redescend un peu sa jupe noire, et fait signe au mari de Françoise de lancer la musique. Un, deux, trois. Hop ! Ils ont tous fait un petit saut pour se retourner et lèvent leur petit morceau de papier colorié au feutre, qui est censé, je crois, représenter un masque, forcément. Au bal masqué. Les petits bougent leurs lèvres, mais c'est tout. On reste bien droit, surtout ; on ne tente pas de petit déhanché, ce n'est pas comme si la musique était – un peu – entraînante. Dans le public, des parents médusés osent à peine applaudir. Je jette un œil à Charles, pile en face de moi de l'autre côté. Il est plié en deux, au sens propre, la main devant la bouche pour cacher son rire.

MC Laurence est revenue. Elle reprend le micro : « Un grand bravo à la classe de madame T. pour ce très joli spectacle, qui, on le voit, a été longuement préparé ! » Charles vient de cracher le contenu de son verre de limonade. Oui, madame Bidule, les enseignants, eux, ils ont le droit de boire un peu.

C'est mon tour. Enfin, c'est le tour de mes élèves. Je stresse aussi un peu, tiens. Le public commence à s'agiter. Les parents des CP et des CE1 sont déjà tous partis. La suite ne les intéresse absolument pas. Tant pis. Pour eux.

Grand Corps malade commence à chanter. Le calme est impressionnant. Sur la scène, les enfants entrent, les uns après les autres, tous en tee-shirt blanc. Sauf Amina qui n'en avait pas, alors elle a mis le rose le plus pâle qu'elle a trouvé. Ils s'assoient en tailleur, les dessins d'Antoine dans les mains, écoutent ce maître leur dire qu'il va mal, qu'il a besoin d'eux. Quand le morceau se termine, Yacine se lève le premier, attrape l'un des micros que j'ai posés sur le sol.

« Maître, nous comprenons votre tristesse.
Ne faites pas preuve de faiblesse.
Nous avons plein de choses à vous dire
Pour vous redonner le sourire. »

C'est bien. Il a articulé. Il a pris son temps. On a entendu ses mots, on l'a cru, on a envie d'entendre la suite. Je ne regarde pas les parents. Je les regarde eux, mes compagnons de route, mes copains, mes amis. Je les observe se lever, l'un après l'autre, parfois deux par deux, dire leur texte, lire leurs promesses. La maman de Martim hurle quand son fils termine sa strophe et frappe fort dans ses mains. Fouad lit son texte en arabe, le public applaudit chaudement, certains sifflent. C'est Arnaud qui va conclure. Maman est assise au fond, seule, sa fille sur les genoux.

« Reprenons maintenant nos leçons
De grammaire et de conjugaison.
Dormez sur vos deux oreilles,
Les enfants veillent ! »

Je n'entends pas le public applaudir, juste une sorte de tremblement derrière moi. Mais je les vois, eux, sur la scène, fiers, les yeux brillants.

Une main attrape mon épaule. C'est la maman de Lila, une élève de Caroline. Elle pleure.

— Bravo, Madame.

— Merci, c'est gentil. Mais c'est à eux qu'il faut dire bravo.

— Non, vraiment, bravo pour ça, pour ce travail que vous avez fait avec eux. J'ai fui le Yémen avec mes enfants il y a trois ans, j'ai entendu les bombes, j'ai vu la mort partout. Et ça m'émeut tellement de voir ces petits, là, nous promettre un monde meilleur...

Je ne m'attendais pas à ça. Je ne sais pas que lui répondre. Je pose à mon tour ma main sur son épaule. Elle retourne s'asseoir. Je suis épuisée.

Les chorégraphies hip-hop des CM1 déchaînent le public. Certains sont debout, tout le monde danse en même temps. Laurence se trémousse devant la scène. Tarik n'est pas là, sa mère avait prévenu qu'il ne participerait pas au spectacle. Dommage pour lui. Tant pis pour elle.

Pour les CM2, on n'est pas loin de l'euphorie non plus. C'est sûr qu'avec une chanson de Soprano, il y avait des chances que ça plaise. Tout le public chante. Madame Truc et madame Chose en tête. Madame Truc est carrément debout sur sa chaise, elle envoie valser ses tongs (celles-là n'ont pas de faux diamants entre les orteils) et nous la joue pole dance, la barre en moins.

Puis la scène se vide. Dans le public, tout le monde commence à se lever. Laurence n'a pas repris le micro. Elle est introuvable. Comme Charles, Nathalie, Caroline, et moi. Alors c'est le mari de Françoise qui prend la parole. « Restez assis, il y a encore un petit spectacle pour vous et, ensuite, vous pourrez aller manger et boire. » Le public se rassied. Sauf madame Bidule, bien positionnée debout près des tables de droite. Elle a surtout entendu la deuxième partie de la phrase. Les enfants sont assis par terre, entre les chaises.

Quelques notes de musique. Personne ne les entend vraiment, il y a trop de bruit. En revanche, quand Charles arrive en courant sur la scène, perruque blonde sur la tête et veste noire à paillettes et qu'il crie « Rhaaaaaaa ! » dans le micro, le public hésite entre hurler de peur ou de rire.

— Voiles sur les fiiiiiiiiiiiiiiiiiiiiiilles !

Il le fait superbien, Charles, vraiment, il faudra que je lui redise.

— Barques sur le Niiiiiiiil !

Une, deux, trois, quatre, cinq… Huit Charlettes débarquent sur scène. Caroline, Nathalie, Farida, Françoise, Viviane, Monica, Laurence et moi. Perruques bleue, jaune, rose, ou verte. Jupes en papier crépon et pompons en laine dans les mains. Même avec sa jupe noire, Jacqueline aurait fait l'affaire. On a insisté jusqu'au dernier moment, elle n'a pas voulu.

— Leeeeees sirèèèèèèèèèèèènes du port d'Aleeeeeeeeeexandrie…

Chorégraphie impeccable. Concert de faussetés. Charles en leader.

Après un long moment de stupeur, le public est en folie. Debout sur les chaises, des foulards dans les mains, ils chantent et dansent avec nous. Les gosses sont morts de rire et nous montrent du doigt, puis se mettent à danser eux aussi. Le moment est magique. On ne se sent même pas ridicules. Des stars, des vedettes. Un public, un vrai.

J'ai gardé ma perruque – bleue – tout l'après-midi. Laurence aussi – jaune. Nous sommes allées donner un coup de main aux mamans qui s'occupaient de la vente des gâteaux. On a dû calmer le jeu quand le ton est monté entre le père de Yamina, ivre, et madame Chose. Il lui a demandé pourquoi elle ne mettait pas de gants pour servir les gâteaux. Elle lui a répondu qu'il ne fallait pas qu'il s'inquiète, elle ne s'était pas « mis les doigts dans le cul juste avant ». Il a aussi fallu expliquer à madame Bidule que, non, cinquante centimes d'euros pour une crêpe au Nutella, ce n'était pas cher, et que ce n'était pas le lieu pour négocier les prix. Sinon, ça s'est vraiment bien passé.

C'est Amina qui est venue me chercher. Elle m'a demandé de la suivre, mais n'a pas voulu m'en dire plus sur le moment. Nous avons longé la coursive de la cantine et sommes arrivées dans l'autre cour, la plus petite. Le soleil m'éblouissait, alors je ne les ai pas vus tout de suite. Ils étaient tous là. Toute la classe. Debout, en rang d'oignons, l'air gêné. Je me suis approchée, ils se sont écartés, presque sans bruit. J'ai avancé encore un peu.

Derrière eux, par terre, des dizaines de feuilles scotchées les unes aux autres, pour former comme une banderole. Une énorme banderole. Et ce message écrit en grosses lettres, avec des feutres, de toutes les couleurs :

« Merci, Maîtresse ! »

Tout autour, ils avaient signé, dessiné. Ils m'avaient même représentée moi, à plusieurs endroits. Mes cheveux mal coiffés, mes yeux bleus, ma petite taille. Il y avait un dessin où j'avais la bouche grande ouverte. Je crois que j'étais en train de crier. Au-dessous d'un visage qui semble être le mien, il est écrit « *Thank you* » (sans erreur). Je fais un clin d'œil à Léonard. À côté, un autre dessin de moi. Je porte une belle robe rose, avec un bouquet de fleurs dans les mains. Eux aussi, alors. Mes élèves aussi, malgré tout, malgré moi, pensent que leur maîtresse, ce n'est rien d'autre qu'une princesse.

Cette fois, je ne me suis retenue de rien. Je ne pouvais pas. Je ne pouvais plus.

J'ai pleuré. Longtemps.

Et puis j'ai réussi à marmonner quelque chose. Ils n'ont rien entendu, alors j'ai répété, plus fort :

— De rien, c'est mon job ! Merci à vous, surtout…

Et on a pleuré ensemble. Un peu.

37

JE DÉTESTE la rentrée des classes. Mais je crois que je déteste encore plus le début des grandes vacances. Ces quelques jours, juste après le départ des enfants, où il n'y a plus de bruit dans les couloirs. Ces matins où je traverse cette cour si vide, si calme, si triste, pour monter dans ma clinique sans patients, sans âme. Ces moments passés à ranger, trier, classer, sans avoir à dire à Habib de se rasseoir, ou à Fouad d'attendre un peu, que je vais venir lui donner du travail. Ces copies égarées, retrouvées au hasard d'un tiroir ou d'un placard. Celle de Carla, avec cette feuille de mathématiques sur laquelle elle a écrit « calculs » en travers de la page, sur cinq ou six lignes de haut. Celle de Timéo, avec lequel j'ai à peine eu le temps de faire connaissance.

Et puis des photos. « Mon premier jour en CE2 ». Kahina sourit, mais ce sourire est finalement si crispé, angoissé. Amina, aussi belle qu'au dernier jour de classe. Arnaud, le regard timide. Valentine, encore bourgeon fermé. Yacine, ma petite boule de nerfs. Habib, le regard qui en dit long sur l'année que l'on va – et que l'on a – passée ensemble.

Je repose tout ça dans un carton. Il faut que j'accélère la cadence. Il y a tellement de choses à ranger. Ce qui est à moi, qu'il faut que je rapporte chez moi. Ce qui est acheté avec l'argent de l'école, que je vais laisser là, proprement rangé dans un placard. Les productions d'arts plastiques des élèves, sur les murs. Ils n'ont pas voulu les reprendre, ont dit que c'était trop joli, là, au-dessus de leur tête. Il va pourtant falloir que je les décroche. Toutes.

Je suis debout sur mon escabeau quand quelqu'un frappe à la porte. Je sursaute et manque me vautrer sur mon bureau.

— Mawie-Théwèse ?

— Oui, Laurence, entre.

— Ça va ? Tu avances, tu as besoin d'aide ?

— Ah, ce n'est pas de refus ! J'ai tellement de choses à ranger, de cartons à faire.

— Elle va te manquer, ta clinique, non ?

— Oui. C'est surtout ma voisine de chambre qui va me manquer.

L'efficacité de Laurence tombe bien. Sans elle, j'aurais continué à rêvasser toute la journée et serais repartie avec seulement un carton et demi de fait. On jette, on emballe, on range, avec un peu de musique en fond sonore. On s'arrête pour papoter, mais jamais longtemps.

— Les affiches au mur, avec les règles de grammaire, les opérations, tout ça, je les jette ou tu crois que je les laisse quelque part dans la classe ?

— Faudrait voir avec elle, elle en aura peut-être besoin.

— Oui. Je vais les laisser là, dans le placard près du bureau, au cas où.

Elle, c'est Nadia. Elle a été nommée il y a quelques semaines. Elle reprendra ma classe à la rentrée prochaine. Elle a l'air sympa. Moins que moi, forcément, mais sympa. C'est ce qu'a dit Laurence. Moi, je ne l'ai croisée qu'une fois, je n'ai pas d'avis sur la question, pas encore.

Deux piles de cartons devant la porte. Celle de droite, c'est celle qu'il faut que j'emporte. Laurence commence à porter le premier paquet de la pile de gauche. Je la suis, les bras chargés aussi. Nous descendons un étage, péniblement. Laurence pousse la porte coupe-feu avec son derrière et me laisse passer. J'avance dans le couloir. La porte est déjà ouverte. La salle est vide. Les murs sont vierges. Il y a quelques tables au milieu, trois chaises, deux bancs. Je pose mon carton juste à côté.

— Ce violet sur les murs, tu vois, je trouve qu'il fait un peu salle cachée au fond dans les boîtes de nuit. Tu sais, là où ils font des trucs un peu dégueus…

— Parfait, répond Laurence. Ici aussi, il va s'en passer des trucs dégueus. Des pets, des rots, des doigts dans le nez, et même des pipis dans la culotte… Bienvenue au CP, ma jolie !

Remerciements

À MON TOUR, alors, de dire merci. Le problème, c'est que, si je compte bien, des mercis, il faudrait que j'en adresse deux bonnes centaines. Un pour chacun de ces petits individus qui se sont, ne serait-ce qu'une journée, assis sur l'une des chaises de ma classe. Plus un pour tous ceux que j'ai, au moins une fois, croisés dans un couloir, devant la porte des toilettes, ou dans la cour de récréation. Sans eux, ce livre n'existerait pas.

Merci à Laurence, Charles, Nathalie, Caroline, Monica, Viviane, et même Jacqueline, auxquels ces nouveaux prénoms vont finalement si bien qu'il m'est arrivé de m'y tromper.

Merci à mes formidables parents, sans lesquels rien ne m'aurait permis d'avoir suivi tous ces chemins. À ma grande sœur (« En quoi je suis déguisée ? »), mon amie, ma confidente.

À la plus petite, sur sa belle île, si loin. À mon petit frère, si ingénieux développeur particulier.

Merci à Mélanie, pour m'avoir soutenue, depuis toujours, dans tout ce que j'ai entrepris.

Merci à Agnès, pour ses tout premiers encouragements.

Merci à Caroline, ma PES, pour m'avoir poussée à lancer le blog.

Merci à tous les lecteurs, souvent assidus et si bienveillants, de ces chroniques scolaires presque ordinaires.

Un immense merci à Noëlle de m'avoir trouvée, poussée, et d'y avoir cru si fort.

Je garde le plus précieux pour la fin. Même si le mot merci est bien trop faible pour ce qui les concerne. Mes trois hommes. Pour supporter le manque de patience de la maîtresse redevenue maman, chaque soir, après l'école. Pour tolérer le ton de « l'institutrice » qui essaie, le soir, de remettre son costume de compagne et de femme, pas toujours détendue.

Au premier de ces trois-là pour ses encouragements, son soutien, et pour son immense patience d'avoir refusé de lire ce texte avant que les mots ne soient définitivement imprimés ici… Tu as aimé ?

Imprimé en France par CPI
en mars 2024
N° d'impression : 2075134
Dépôt légal : avril 2024
ISBN : 978-2-3791-3157-8

www.monpoche.fr